¿Psicólogo o no psicólogo?

Dr. Patrick Delaroche

¿PSICÓLOGO O NO PSICÓLOGO?

Cuándo y a quién consultar

A pesar de haber puesto el máximo cuidado en la redacción de esta obra, el autor o el editor no pueden en modo alguno responsabilizarse por las informaciones (fórmulas, recetas, técnicas, etc.) vertidas en el texto. Se aconseja, en el caso de problemas específicos —a menudo únicos— de cada lector en particular, que se consulte con una persona cualificada para obtener las informaciones más completas, más exactas y lo más actualizadas posible. EDITORIAL DE VECCHI, S. A. U.

Colección dirigida por Mahaut-Mathilde Nobécourt.

Traducción de Montserrat Foz Casals.
Ilustración de Jesús Gracia Sánchez.
Título original: Psy ou pas psy?

© Editorial De Vecchi, S. A. 2018
© [2018] Confidential Concepts International Ltd., Ireland
Subsidiary company of Confidential Concepts Inc, USA
ISBN: 978-1-68325-712-7

El Código Penal vigente dispone: «Será castigado con la pena de prisión de seis meses a dos años o de multa de seis a veinticuatro meses quien, con ánimo de lucro y en perjuicio de tercero, reproduzca, plagie, distribuya o comunique públicamente, en todo o en parte, una obra literaria, artística o científica, o su transformación, interpretación o ejecución artística fijada en cualquier tipo de soporte o comunicada a través de cualquier medio, sin la autorización de los titulares de los correspondientes derechos de propiedad intelectual o de sus cesionarios. La misma pena se impondrá a quien intencionadamente importe, exporte o almacene ejemplares de dichas obras o producciones o ejecuciones sin la referida autorización». (Artículo 270)

Índice

Introducción 9

1. Las dificultades del niño expresan un sufrimiento 13
El síntoma es una señal de alarma 13
    Ansiedad 15
    Dificultades de concentración 17
    Bloqueo escolar 18
    Problemas de comportamiento 19
    Tics 21
    Nerviosismo, trastornos del sueño 22
    La somatización expresa en el cuerpo
        un conflicto psíquico........................ 22
Los trastornos del niño varían y evolucionan 24
    Los síntomas pueden sustituirse unos a otros 24
    La intensidad del síntoma varía 25
    Un síntoma puede estar relacionado
        con cosas no dichas........................ 27
    Un síntoma puede ser la expresión
        de una dinámica familiar 28

2. ¿Cuándo consultar? 31
Malas razones para no consultar................... 32
    Banalizar el sufrimiento del niño 32
    La idea de que «se le pasará con la edad».......... 33

Prejuicios imaginarios 34
La idea de que necesita medicamentos. 35
La idea de que podemos solucionarlo solos 36
Hay que desconfiar de los psiquiatras 38
¿Cuándo no debemos dudar? 40
Algunos signos que deben alertar 41
¿Es necesario un tratamiento? 44
Criterios subjetivos 45
Criterios objetivos 46
Cómo presentárselo al niño 49

3. ¿A QUIÉN CONSULTAR? 53
¿Qué especialista? 53
¿Psiquiatra infantil o terapeuta? 54
El chequeo psicológico 58
En el sector público 60
La consulta del psiquiatra infantil-psicoanalista 66
Primer momento con los padres y el niño 68
La entrevista con el niño 72
¿Reeducación o psicoterapia? 77

4. MÉTODOS ORIENTADOS ANTE TODO A REDUCIR
EL SÍNTOMA. 79
Los medicamentos en psiquiatría infantil 81
Tratamientos que presentan inconvenientes
para el niño 83
Indicaciones: excepciones necesarias 85
Modalidades de prescripción 88
Tratamientos psicológicos no psicoanalíticos 89
Terapias comportamentales y cognitivistas 90
Reeducaciones 92
Psicoterapias que no recurren
al psicoanálisis 96

5. EL PSICOANÁLISIS INFANTIL Y TRATAMIENTOS
   PSICOLÓGICOS ASOCIADOS 101
   El psicoanálisis infantil en España 102
      Tendencias actuales. 102
   ¿El psicoanálisis infantil es específico? 106
   Tratamientos psicológicos de inspiración
      psicoanalítica 110
      Psicoterapia 110
      Psicodrama analítico individual 110
      Consulta terapéutica 114
      Terapia familiar. 115
   ¿En qué marco realizar una psicoterapia? 116
      Psicoterapia en el hospital general. 120
      Psicoanálisis en consulta externa
         (hospital de día, etc.) y en internado 124
      Algunas consultas públicas no están adaptadas
         a la psicoterapia 126
   La elección del psicoterapeuta. 128
      La elección de los padres 128
      ¿Y el niño?. 129
      Cuando el niño dice a sus padres
         que quiere abandonar la terapia 130
   Un trío difícilmente armonioso: padres,
      terapeuta, niño 131
      ¿Los padres o el niño? 135
      El niño seguido solo sin intervención
         de los padres. 138
      Los padres seguidos sin el niño 139
      Padres e hijo seguidos por separado 143

6. UN TRATAMIENTO INDIRECTO: LA ORIENTACIÓN
   DE LOS PADRES 145
   Una forma de psicoterapia 147
      No es una terapia de pareja. 147

No es una terapia familiar 147
El principio no es dar consejos................... 148
Una relación de confianza: confidencia
    y culpabilidad 149
La orientación crea un espacio para el niño 154
Errores educativos 155
Cuando el progenitor está solo 158
El papel del padre 160
La ansiedad es contagiosa......................... 162
El niño transporta a sus padres a su propia infancia.... 165

7. Cuatro casos 169
La psicoterapia de Carlota en el centro médico
    psicopedagógico 171
El psicoanálisis de Ramón en el marco privado 177
La psicoterapia de Raúl: el psicoanálisis
    en una institución 185
El psicodrama de Esteban,
    un niño que padecía una fobia 201

Conclusión...................................... 213

Anexos 217

Introducción

El objeto del presente libro es ayudar a decidir a los padres si deben llevar a su hijo pequeño o adolescente al psicólogo o al psiquiatra, a elegir a quién dirigirse y a comprender el tratamiento psicológico del niño, cuando proceda.

Esta ayuda resulta necesaria en un momento en que los padres reciben presiones de todo tipo para consultar a estos especialistas o, incluso, para medicar a sus hijos. Estas eventuales presiones aumentan su sentimiento de impotencia o de fracaso en lo que consideran, con razón, su responsabilidad. Sin embargo, según una fórmula célebre pero especialmente pertinente en este caso, podemos ser responsables sin ser culpables. La culpabilidad —o más bien el sentimiento de culpa— no es el mejor consejero.

¿Es necesario ir al especialista?

Algunos niños piden ayuda, otros se limitan a mantener a sus padres preocupados lanzando señales variadas. Son dos maneras diferentes de hacer un llamamiento. Los padres deben comprender que este llamamiento no es una crítica o un reproche hacia ellos, sino una necesidad de hablar simplemente con alguien externo a la familia. Tanto es así que en ocasiones una única visita o incluso el mero hecho de pedir hora surten un efecto milagroso. Sin embargo, esta demanda y estas señales deben relativizarse porque, de lo contrario, cualquier pretexto sería bueno para consultar al especialista. Naturalmente, los padres son los que deben evaluar si su hijo necesita ayuda, por sus ideas o su comportamiento, sobre todo porque son los primeros que reciben este llamamiento y porque a veces el objetivo es provocarlos.

Los padres deben tratar de la misma manera esta demanda cuando procede del maestro, del profesor de yoga o del monitor de equitación. Su opinión es interesante y el niño debe comprender, a través del diálogo con sus padres, que los adultos que lo rodean pueden tener una opinión constructiva. Pero, de todas maneras, la última palabra la tiene el niño, el cual debe tomar parte activa en su evolución, sobre todo en una época en la que pueden producirse ciertos abusos. ¿Acaso no hay profesores seguidores de ciertos programas de televisión que llegan a hacer diagnósticos, a prescribir su actitud a los padres y a obligarles a consultar con un especialista?

¿A quién consultar?

Iniciamos una época en la que la elección del especialista puede condicionar el futuro del niño. Hasta hace poco tiempo, después de la segunda guerra mundial, prácticamente todos los psiquiatras infantiles eran humanistas, estaban impregnados de prácticas pediátricas de gran sentido común y veían en el emergente psicoanálisis infantil una manera no intrusiva de ayudar al niño devolviéndole la palabra. Sin embargo, recientemente, una corriente procedente de Estados Unidos reconforta a ciertos psiquiatras infantiles organicistas sobre la pertinencia de los tratamientos con medicamentos, aunque los propios norteamericanos empiezan a estar de vuelta de los mismos. Los padres se ven confrontados a estas dos corrientes opuestas y, en mi opinión, deben elegir con conocimiento de causa, porque tal decisión influye en el destino de su hijo, si realmente necesita que lo visiten y lo traten. Por ello, en el presente libro describiré las prácticas asociadas a estas dos maneras de considerar al niño e intentaré mostrar el desarrollo y la ideología subyacente en cada uno de los casos.

Evidentemente, no todo es blanco o negro, de manera que los especialistas de ambos lados confrontados en el ámbito clínico no pueden dejar de reconocer la validez de ciertos enfoques, aunque, por otra parte, los fracasos de unos alimentan las satisfacciones de los otros en beneficio de los pacientes. Sin embargo, todas las reglas tienen una excepción: aunque rechacemos los tratamientos con medicamentos, su uso adecuado puede estar puntualmente justificado. Además, en ocasiones, el niño o el adolescente no está más preparado que los adultos para analizar el origen de sus problemas, o los consideran secundarios en comparación con una carencia inmediata y presente. En ambos casos, por ejemplo, será necesario ayudar al niño o al adolescente mediante una reeducación adecuada. *Una ayuda eficaz en el momento justo resulta cien veces más útil que una ayuda mayor pero ofrecida prematuramente.*

¿Qué hace el psiquiatra?

Considero útil ofrecer a los padres una relación completa de los tratamientos actuales, a saber, psicoterapia, psicoanálisis, psicodrama e, incluso, orientación, el «tratamiento» reservado a los padres. Estos, de hecho, permanecen al margen del tratamiento de su hijo, lógicamente. Por supuesto, la gran mayoría lo comprende, pero es fácil imaginar cuán incómoda resulta esta situación para ellos. A menudo, los padres que han vivido en su piel una experiencia psicoterapéutica de este tipo comprenden lo que pasa entre su hijo y su terapeuta. Los demás se limitan, por decirlo así, a confiar en el profesional. Así, me dirijo especialmente a estos últimos, a través de una serie de casos emocionantes, perturbadores y edificantes. Veremos que el niño también se encuentra confrontado a su inconsciente: lo reconoce y lo asume, y acepta plenamente la ayuda de este testigo benevolente y privilegiado que es el psicoterapeuta. Espero que ello les ayude a mitigar su sentimiento de culpabilidad siempre omnipotente y al que ningún medicamento puede desterrar.

El propio niño también carga con cierta culpabilidad, ya sea heredada de sus padres o porque él mismo se siente culpable de no quererles lo suficiente. Ello demuestra que el niño es una persona y que saber escucharlo es responsabilidad de todos, tanto de los padres como de los terapeutas.

1
Las dificultades del niño expresan un sufrimiento

Los padres que atraviesan un momento difícil en su vida (duelo, separación...) temen a menudo que su hijo sufra también. Pero incluso sin pasar por estos malos momentos, el niño puede verse enfrentado a ciertas dificultades. Un niño al que le cuesta dormir repetidamente, que tiene pesadillas, a quien el profesor encuentra demasiadas veces en la luna, que es incapaz de concentrarse en clase, movido, que es rechazado por sus amigos... estará sufriendo. Esta confusión es su síntoma.

El síntoma es una señal de alarma

La principal aportación del psicoanálisis consiste en no quitar importancia al síntoma, sino a considerarlo como algo útil para el sujeto que lo ha «fabricado». El niño, como el adolescente o el adulto, no es un personaje pasivo, víctima de su enfermedad o de su entorno, sino un sujeto activo que se defiende como puede de las agresiones vengan de donde vengan, externas o internas. El inconsciente es el que determina su manera de responder a los traumas. Esta respuesta puede ser defensiva e ir dirigida hacia los demás, aunque normalmente va dirigida hacia uno mismo. El síntoma, efectivamente, manifiesta una mezcla de heteroagresividad y de agresividad hacia sí mismo. Por ejemplo, el niño que es agredido con frecuencia durante los recreos intentará resolver solo su problema en lugar de ir a quejarse a un adulto. ¿Por qué? Porque cree que puede superar con sus propios medios el sentimiento de inferioridad que generan en él tales agresiones y porque piensa que contárselo a un adulto agravaría este sentimiento. Según esta lógica, para comprender lo que desencadena sus acciones, llegará a provocar a sus agresores e incluso a preguntarles qué tienen en contra de él (evidentemente con un efecto inverso al deseado).

Los síntomas pueden indicar el inicio de una neurosis. La neurosis, cuya etimología demuestra que al principio se consideraba un trastorno neurológico, es, de hecho, la manera particular en que el niño se defiende de las agresiones de la vida. Puede adoptar diferentes formas, histéricas o fóbicas, igual que puede ser más o menos intensa, o incluso no manifestarse con síntomas visibles o molestos. Una intervención precoz es preferible, porque permite identificar más fácilmente el origen de esta dolencia.

Así, cualquier preocupación justifica el hecho de pedir hora al especialista. No es cuestión de grados de importancia, sino de percepción y de sensibilidad. Mi propósito no es enumerar de manera exhaustiva los síntomas de los niños, sino llamar la atención sobre un tipo de sufrimiento. La ansiedad, evidentemente, parece un síntoma claro de sufrimiento. Está claro que el niño que llora mucho y se encierra en sí mismo es infeliz y suscita compasión. Aunque no parezca que esté sufriendo en todo momento, no por ello su sufrimiento silencioso deja de ser intenso. El niño (demasiado) obediente, que saca buenas notas en clase y cuyo comportamiento es irreprochable, también puede «esconder» cierto malestar, así como los trastornos del comportamiento, los conflictos, los malos resultados escolares, que llaman inevitablemente la atención (y que quizás solo sirvan para eso) y que pueden ser muy molestos para los demás. A menudo, las consecuencias manifiestas de este sufrimiento-excitación destinado a llamar la atención del entorno son contraproducentes: un niño cuyo comportamiento es provocador, agresivo, con malos resultados escolares y que constantemente hace tonterías acaba poniendo nerviosos y despertando la agresividad de los padres, que lo interpretan como un comportamiento de mala fe, de desobediencia. Sin embargo, son síntomas que hablan de un sufrimiento imposible de desvelar, y estos niños también necesitan ser comprendidos y aliviados. El especialista está para leer lo que ocultan estas dificultades, con la ayuda de los padres. A continuación, describiré algunas de ellas:

☐ **Ansiedad**

Aun siendo pequeño, el niño puede estar sometido a la ansiedad y ser consciente de ello. Evidentemente, absorbe la de sus padres, pero no es la única explicación a su sufrimiento.

> Sonia, de 6 años, es la menor de tres hijas, la mayor de la cual se ha suicidado hace poco. Pero sus problemas empezaron antes. De sí misma dice: «Todo me da miedo. Tienen que acompañarme para ir al retrete». Pide ayuda y quiere hablar; sus dificultades vienen de lejos, las expresa fácilmente y es consciente de ellas. Está claro que no se trata de un problema puntual: existe lo que se llama inicio de neurosis, es decir, unos síntomas que pueden organizarse y volverse repetitivos.

> Francisco, de 8 años y medio, tiene un largo historial de enfermedades. Con 2 meses y medio, tuvo una erupción en el momento del destete con vómitos y diarreas que le obligaron a permanecer cuarenta y ocho horas en el hospital. Después, tuvo espasmos del sollozo. Con 3 años, sufrió una grave infección

(salmonelosis); con 7, se fracturó el puño, y con 8, tuvo ataques de pielonefritis (infección de las vías urinarias) debidos a una malformación de las vías excretoras. Cuando lo veo, de entrada dice que ha venido para hablar de sus ansiedades. Sabe que cuando «nos explicamos dejamos de tener miedo y que si hablamos de todo nos sentimos más tranquilos». Cuenta sin dificultad las pesadillas que evocan los miedos que debió de sentir en el hospital: está rodeado de tubos, hay agua que gotea y de repente se produce un terremoto. O está rodeado de «muchos señores que quieren matarlo». ¿De qué tiene miedo? De tener muchas enfermedades; el tétanos, por ejemplo. Tiene miedo a ahogarse si hay mucho humo, miedo a las avispas, a las arañas, a las serpientes. Su madre explicará que tiene muchas manías, porque le da miedo el contacto con la suciedad y los microbios. En este caso, se ve claramente que el tratamiento requerirá tiempo.

El niño puede luchar contra la ansiedad mediante mecanismos de defensa que son verdaderos síntomas que interfieren en la vida diaria y que pueden organizarse en forma de neurosis. Francisco lucha contra la suya empezando a establecer lo que se conoce como ritos. Estos ritos son mecanismos mágicos que el niño inventa para evitar la ansiedad: por ejemplo, piensa que, si toca tantas veces la puerta o el grifo, estos elementos permanecerán cerrados a pesar de una intervención externa. Otros niños focalizan su ansiedad en un objeto determinado capaz de representar el peligro. Esta ansiedad, a su vez, puede angustiar a los padres, y así se crea un círculo vicioso. Por ello es importante tranquilizarlos y mostrarles que el niño tiene derecho a angustiarse, porque como todo ser humano está sujeto al sufrimiento físico y psíquico, y también que ellos no son los más adecuados para resolver esta ansiedad. Estos dos niños podrán optar por una psicoterapia porque hablan abiertamente y son conscientes de que necesitan una ayuda externa, a pesar de su tierna edad.

☐ Dificultades de concentración

Los trastornos de la atención se explican por la existencia de preocupaciones inconscientes que impiden trabajar a los niños, pues tienen la mente ocupada en otras cosas.

> Adela, de 10 años de edad, está en sexto y no retiene nada de lo que se dice en clase. Quiere saber *por qué no retiene lo que aprende*. Su única preocupación es pasar a secundaria, y no recuerda sus sueños. Le cuesta dormirse. De hecho, sus dificultades provienen de una inseguridad perpetua que le hace dudar constantemente entre dos respuestas.
>
> David, de 11 años y medio, está en primero de secundaria. Duerme bien, pero él tampoco recuerda sus sueños. ¿Preocupaciones? Ah, sí, sus abuelos arqueólogos van a volver al pueblo, a su casa. Hablar de ello le resulta fácil y explica que encontraron una espada que perteneció a los romanos en la costa de Tarragona.
>
> Aurelia, de 9 años, está en cuarto. En clase dormita, según el profesor. Cree que ni las matemáticas ni la lengua le van bien; olvida las cosas, como el enunciado de los problemas, por ejemplo. También explica que se lleva mal con su hermano, de 6 años, que le molesta cuando se bañan. Deben hacerlo juntos porque de lo contrario «se termina el agua caliente».

Estos fragmentos de primeras consultas muestran que las preocupaciones del niño no son realmente inconscientes, en la medida en que son las que les vienen a la mente cuando se les pregunta qué tal va todo «aparte de la escuela». Pero lo que es inconsciente es que no se han resuelto debido a múltiples razones: porque no han sido evocadas lo suficiente en familia (duelo, celos...) o porque el niño ha sentido que no debía hablar de ello por miedo a «dar pena a sus padres».

☐ Bloqueo escolar

Los niños que quedan atrapados en situaciones que les superan suelen ser incapaces de liberarse hablando simplemente con alguien que no puede descifrar lo que dicen. El psicodrama (véase el capítulo 5) recrea su universo y les permite hablar; por ello es tan eficaz en los bloqueos que paralizan la expresión y que hacen imposible la psicoterapia.

> Julián, de 6 años, está en primero y no puede estarse quieto. Esto interfiere mucho en sus tareas escolares e impide trabajar a los demás. Sus padres se sienten culpables porque ambos han retomado los estudios, se han mudado y se han ocupado menos de su hijo. Julián dice no tener preocupaciones, pero no consigue dormir. Tiene muchas ganas de aprender y le obsesionan las motos. Sus padres están desesperados. A Julián le ayudará el psicodrama. En las escenas que inventa veremos que tiene mucho miedo de que *su madre se involucre en lo que sucede en la escuela*. Está muy orgulloso y quiere mejorar, pero la ansiedad de su madre le pone nervioso y le deja sin recursos. Así, siempre que en una escena reproduce un pacto entre la madre y la maestra, Julián se encierra y se obstina. A base de interpretar esto, poco a poco se va volviendo más autónomo, sin explicar nada de nada a los padres. En este caso, una «explicación» no hubiera bastado para aplacar la ansiedad de su madre y para tranquilizar a Julián. En poco tiempo, duerme mejor y recuerda sus sueños.

> Bruno, de 11 años, empieza secundaria. Siempre le echan debido a su permanente inestabilidad en clase. En casa se excita ante la consola de videojuegos y exaspera a sus compañeros. Sufre por el hecho de enfadarse con demasiada facilidad (hace poco rompió un taburete). El psicodrama le permitirá ver que, sin saberlo, reacciona ante la autoridad materna. Su madre, separada desde hace tiempo de su padre, vive con su propia madre, y Bruno necesitaría la autoridad de un padre.

Ana, de 9 años, está en cuarto. Está completamente bloqueada, tanto escolarmente como expresivamente. Es muy tímida, y solo responde con sí o no. El psicodrama le ayudará mucho, porque se presta al juego y siempre inventa el mismo tipo de escena: por ejemplo, un mecánico rompe un coche que supuestamente debe reparar, un jardinero destroza los tallos de las flores, y en todos los casos no hay ningún recurso. Los padres están totalmente en desacuerdo y se acusan mutuamente sin llegar a separarse. Por otro lado, cada uno va a dar los pasos necesarios para seguir una psicoterapia. Las sesiones de psicodrama, aunque sean repetitivas, aportarán una gran mejoría en la escuela y en las relaciones de la niña.

◻ Problemas de comportamiento

Los problemas de comportamiento que preocupan a los padres y en la escuela esconden realmente auténticos trastornos psicológicos desconocidos por el propio individuo.

Ali, de 8 años y medio, está en tercero y es muy lento en clase. Los demás se ríen de él, le tratan de «miedica». Es enurético. Aunque es cariñoso, en ocasiones está raro e inquietante: un día, por ejemplo, sus padres le encontraron en el garaje oliendo gasolina, comportamiento que confiesa tener desde hace tiempo. Estando en casa de una niñera, con 3 años, unos niños mayores le sometieron a una felación. Es víctima de sus compañeros y, para anticiparse a sus insultos, «se maltrata» a sí mismo, lo cual exacerba su sadismo. La psicoterapia, precedida de numerosas sesiones de psicodrama, le ayudará a afrontar una adolescencia durante la cual podrá finalmente ser feliz.

Antonio, de 10 años, está en sexto y es muy tímido, incluso en familia. Un día dijo a su madre, llorando, que se sentía mal consigo mismo y le confesó: «¡Lo que me gusta es mi cerebro, el resto no!». Desde que lo atropelló un coche, no puede pensar en ir solo a la escuela sin sentir terror. De hecho, le dan miedo muchas cosas, y sobre todo quedarse solo en casa. Cree que tiene ideas extrañas, que califica de idiotas.

Pedro, de 9 años, está en segundo. Está tan bloqueado que prácticamente siempre está rígido. Lo envía el médico de la escuela porque en clase le dan ataques de risa. Se niega a trabajar, hace pequeños montones de papel y los recorta. Cuando le examinan, parece muy triste y responde con voz baja. La psicoterapia, tratamiento muy largo, será difícil. Pedro no puede decir nada y no quiere dibujar si el terapeuta no hace lo mismo. Al cabo de dos años, empiezo a tratarle con psicodrama. Entonces, cuenta escenas de discusión con su hermano. En una escena en la que interpreta a su hermano, enseguida queda claro que este le aterroriza y seguramente le infringe violencia sexual. Después del psicodrama, Pedro no recuperará su retraso escolar, pero seguirá una formación profesional y será feliz.

Francisco, de 12 años, está repitiendo primero de secundaria. Siempre se opone a todo y está violento. A veces, cuando le dan los ataques, pide ayuda, dice que se vuelve loco y que se «internará» solo. Sin embargo, no llega a decir qué problema tiene. Su perro murió hace tres años y desde entonces está triste. Sobre todo sufre por la ausencia de su padre, que se ve obligado a trabajar lejos. Al cabo de numerosas sesiones de psicodrama, queda claro que Francisco tiene mucho miedo y que sufre auténticas fobias. Estas fobias, sobre todo por la noche, le obligan a ir a la cama de su madre cuando está sola. Esta proximidad con la madre mantiene la fobia.

Un comportamiento difícil suele conllevar a cambio una intervención inadaptada de los padres, que pueden sancionar por ejemplo una inestabilidad. Sin embargo, detrás de esta fachada existe un sufrimiento psicológico profundo que no llega a decirse, a saber, ansiedad o depresión. La depresión suele enmascararse detrás de una excitación o una agresividad que solo puede desaparecer si se reconoce la causa. Así el psicodrama individual que recrea las condiciones de aparición de los problemas ayuda a descubrir el origen del trastorno.

Las dificultades del niño expresan un sufrimiento

☐ Tics

Un tic es un gesto repetitivo sobre el que la voluntad no puede actuar.

> Juan, de 8 años, ya está en cuarto. Su tía pediatra aconsejó a sus padres que vieran a un especialista, porque presenta un tic de carraspeo de garganta que no le parece normal. Los padres, ambos maestros, son más bien perfeccionistas. Han comprendido la preocupación de su tía, aunque no la comparten: su hijo, el mayor de dos hermanas, no les causa ningún problema, es muy amable y atento. Acepta perfectamente la visita. Descubro con él que, detrás de esta fachada, Juan es un niño muy ansioso, pero se lo esconde a sus padres para no preocuparlos. Para dormirse, necesita todo un ritual (una especie de manía estereotipada orientada a evitar una amenaza imaginaria): colocar siempre la ropa del mismo modo, situar milimétricamente la almohada, no cerrar del todo la puerta de su habitación. Además, a veces, sin motivo aparente, se pone a pensar en «palabrotas», lo cual le hace sentirse muy culpable.

De hecho, este tic revela una ansiedad que se manifiesta por una sensación de garganta seca: el carraspeo se debe directamente a esta ansiedad, que en Juan se «muestra» en la laringe. Es el signo de que está empezando una neurosis obsesiva (llamada actualmente trastorno obsesivo-compulsivo, TOC), que podría terminar instaurándose si no se tiene cuidado.

> En el caso de Juan, una entrevista posterior permitirá remontar en el trastorno hasta la pérdida de un gato muy querido, pérdida de la que se sentía culpable por razones que no puedo desvelar aquí. Juan acepta fácilmente una psicoterapia que hará desaparecer prácticamente todos sus síntomas, visibles o, por el contrario, secretos.

Esta señal debía ser descifrada, y la tía pediatra realizó esta interpretación y aconsejó la visita. El psiquiatra infantil o el psicoanalista irán más lejos asociando este síntoma a su causa.

☐ **Nerviosismo, trastornos del sueño**

El nerviosismo del niño, cuando supera los límites de la normalidad (lo cual no siempre es fácil de juzgar), puede manifestar una ansiedad o una depresión en ocasiones profunda. El insomnio puede revelar un problema oculto de relación.

> Ramón, de 10 años, viene a la consulta con sus padres porque desde hace algún tiempo no puede dormir. Ninguno de los métodos utilizados le ha funcionado: ni los mimos, ni hablar, ni dejar la luz encendida. Parece preocupado y no consigue trabajar, sin saber decir por qué. Era un niño que yo ya había visitado con anterioridad por un problema intelectual: parecía ser superdotado, pero decidimos no cambiarle de clase. Esta vez, al rato de quedarse solo conmigo, rompe a llorar. El que consideraba su mejor amigo le hizo prometer que guardaría un secreto que no pudo callar. Entonces, el amigo en cuestión y sus compañeros la tomaron con él, y su vida en la escuela se convirtió en un infierno. Siente vergüenza de contar todo esto a sus padres, pero me autoriza a comunicárselo, como le aconsejo que haga. Una semana después, habiendo informado a la maestra, todo vuelve a la normalidad y Ramón vuelve a estar alegre como unas castañuelas.

☐ **La somatización expresa en el cuerpo un conflicto psíquico**

Algunos signos llamados afectos tienen un claro origen psíquico: es el caso de la tristeza debida a un duelo, la cólera

Las dificultades del niño expresan un sufrimiento

cuando no soportamos la frustración o el miedo característico de una fobia animal, por ejemplo. El signo expresa directamente el problema sin resolverlo. Otros, al contrario, sobre todo cuando afectan al cuerpo, necesitan lo que yo llamo ser descifrados, es decir, una interpretación.

En realidad, las dificultades psíquicas no siempre se traducen por medio del comportamiento; también pueden manifestarse (es frecuente en los niños más pequeños) en forma de síntoma físico (ya lo veremos más adelante). Es lo que se llama «conversión»: traducen la entrada en el cuerpo de un conflicto psíquico inconsciente. Esta somatización que se produce en los adultos es aún más frecuente en los niños, sobre todo cuando todavía no saben hablar: rinofaringitis, otitis reiteradas, asma precoz, trastornos del sueño, diarreas, etc. El niño puede utilizar todos estos medios para expresar un sufrimiento. El médico de cabecera o el pediatra deben descubrir el significado de todas estas enfermedades infantiles más o menos relacionadas con el psiquismo naciente.

Más adelante, la enuresis (imposibilidad de retener la orina durante el sueño), la encopresis (incapacidad de retener las heces de día, en general debido a un estreñimiento crónico), el tartamudeo... pueden expresar una hostilidad relacionada con la ambivalencia (es decir, la coexistencia de sentimientos contrarios, como amor y odio, por ejemplo) y con la dependencia. Si pasan por el cuerpo, significa que estos sentimientos no pueden expresarse mediante palabras.

El síntoma físico, sin embargo, puede estar relacionado con las palabras. En el caso de la encopresis, por ejemplo, encontramos en el lenguaje vulgar «me c... en», «vete a c...». El padre, intuitivamente, entiende el significado profundo del síntoma, pero sin extraer plenamente las consecuencias. Cuando un síntoma de este tipo acaba de aparecer, una única entrevista en profundidad con la persona que tiene autoridad sobre el niño puede ayudar a resolverlo.

Cuando el niño crece, pueden aparecer otras formas de somatización hasta llegar a las parecidas a las del adulto.

Óscar, de 13 años, se ha visitado en el hospital por sufrir de lumbalgia, un fuerte dolor de espalda. Le han realizado todo tipo de pruebas sin ningún resultado. Es el primero de la clase, un chico muy inteligente, muy serio, que hasta entonces no había tenido problemas psicológicos. De hecho, al preguntarle sobre su clase, su padre descubrió el pastel: Óscar es víctima de un grupo de compañeros que le tratan de «sabelotodo». Como todos los chicos que son víctimas de otros, le daba vergüenza contarlo e intentaba defenderse solo, sin ayuda de nadie. Este encierro era el responsable de la somatización, aunque Óscar no lo relacionaba conscientemente. Un cambio de instituto bastó para que la lumbalgia desapareciera en dos o tres días.

Los trastornos del niño varían y evolucionan

A diferencia del adulto, en el que el síntoma tiende a establecerse con la formación de la personalidad, el trastorno del niño puede variar, por razones fundamentales. En primer lugar, porque su origen se encuentra a menudo en la relación y traduce un conflicto latente o patente con los padres, y después, porque el niño evoluciona. Además, un síntoma puede esconder otro, de manera que la rápida curación de un malestar importante puede dar paso a un problema más concreto cuando se hace un seguimiento del niño con sus padres a intervalos regulares.

□ **Los síntomas pueden sustituirse unos a otros**

Se dice que en el niño se da una «plasticidad» de los trastornos: esto significa que el niño puede cambiar de tipo de enfermedad con el tiempo. La modificación de la actitud de los padres inducida por la consulta con el especialista puede bastar para actuar sobre el síntoma.

Me traen a María porque roba en los supermercados. Solo la visitaré una vez al mes con sus padres porque rechaza un tratamiento individual. Estos robos son compulsivos[1] y particularmente inventivos: María esconde el fruto de sus hurtos en sus calcetines o en las bragas. Nadie se da cuenta y, como todo robo patológico, el objeto parece carecer de utilidad. El problema es que María tiene 4 años en el momento en que sus padres vienen a la consulta. Entonces me cuentan que es insoportable, que por la noche se cuela en la cama de sus padres y que estos discuten constantemente sobre su educación, marcada por cierta incoherencia, descripción con la que están de acuerdo. Al mes siguiente, está un poco mejor, quizá porque los padres han dejado de discutir delante de ella. Además, ya no va a su cama, pero sigue yéndosele un poco la mano, esta vez en la farmacia. Un mes más tarde, el cese de los hurtos es brusco y definitivo, pero le cuesta dormir. Me entero de que el padre no quería tener un segundo hijo (María tiene un hermano mayor) y que a la madre le cuesta soportar a un marido metido constantemente en casa de los vecinos para ayudarlos. Posteriormente, y todavía con el rechazo de un tratamiento individual presente, María duerme perfectamente y profesa un amor irreflexivo hacia su padre. Me entero de que se pone los zapatos de su madre, le quita el neceser de maquillaje y le esconde la barra de labios. Por otra parte, aunque haya dejado de robar, esconde las llaves o el móvil en lugares insólitos sin decir nada. Cada vez juega más a papás y a mamás con su hermano mayor. Después, empieza a mentir a su maestra y a inventarse cosas. Ya no le pegan, lo cual era habitual al principio del tratamiento (no me enteré hasta entonces). Un año después, todo va bien. María está feliz, sigue estando enamorada de su

---

[1] Producidos por una fuerza superior a la voluntad y al razonamiento.

padre e identificándose con su madre. Pero dos años después esta la vuelve a traer por un bloqueo en la lectura que la rehabilitadora consultada considera de origen psicológico.

El «tratamiento» de María tiene que ver indirectamente con la niña, pero la mejora de su comportamiento (según puedo ver y por lo que me cuentan sus padres) muestra que ha aprovechado bien este seguimiento. ¿Cómo entiende la niña estas visitas, con las cuales a veces no está de acuerdo? La madre me cuenta que le dice: «Cuando te portas mal, tienes que ir al médico de París».

☐ La intensidad del síntoma varía

El síntoma puede perdurar variando de intensidad según el momento. Esta variabilidad es la que ayuda a comprender para quién y para qué «sirve» el síntoma. Es evidente que los trastornos que sufre el niño también afectan a los padres, y los niños suelen ser conscientes de ello. De repente, cualquier avance o recaída en los conflictos con sus padres provoca una mejoría o un empeoramiento del síntoma que tanto les turba.

> Es el papel de las dificultades escolares de Guillermo. Cuando todo va bien, no hay ningún problema, pero cuando las cosas empiezan a ir mal, su rendimiento baja y la escolaridad vuelve al primer plano, y tapa todo lo demás. En las primeras consultas, el problema psíquico (el nerviosismo) aparece en primer plano. Además, los resultados escolares todavía son correctos. Al cabo de algunos meses de tratamiento, Guillermo

---

2. Paradojicidad: empeoramiento aparente debido a un método del que se espera una mejoría. Es frecuente en psicoterapia o en psicoanálisis, cuando el sujeto se permite en realidad actitudes hasta entonces ocultas por el síntoma; por ejemplo, un encoprético curado de su encopresis cuya curación le permite expresar su agresividad.

redacta muy bien, tiene una letra bonita y la directora lo felicita. Casualmente, cuando los trastornos del comportamiento (pedir limosna, inventar cosas...) vuelven a aparecer por razones relacionadas con la progresión de la terapia (puede parecer paradójico[2] pero ya hablaré de ello) es cuando las notas bajan y la maestra grita. Pero en cuanto la madre habla de esta «recaída» recuerda las palabras como por milagro. Así, mientras que el año anterior Guillermo lloraba por no pasar al siguiente curso, según me dicen los padres, la mejoría es «de 180 grados, tanto en cuanto al comportamiento como a las notas».

☐ Un síntoma puede estar relacionado con cosas no dichas

Cosas que se callan, secretos familiares, temas tabús... son expresiones para referirnos a aquello que los padres y los abuelos esconden a los niños para protegerlos. Sin embargo, esto no es así, porque el niño percibe rápidamente que hay algo que no le dicen (un secreto) cuando, por ejemplo, se le niega una respuesta a su primera (y última) pregunta sobre algo. Además, capta los esfuerzos de los adultos para mantener en secreto tal filiación, tal origen, tal fecha real de boda, etc. Lejos de protegerlo, el hecho de que le impidan pensar en ello le altera mucho más que la realidad, aunque sea dolorosa. «Pedir a un niño que se estructure a partir de cosas no dichas es pedirle que niegue una parte de sí mismo», escribió Françoise Dolto en *La Cause des enfants* (La causa de los niños). Todo médico o terapeuta ha podido comprobar la sensibilidad de los niños ante las cosas que se callan y hasta qué punto sus síntomas pueden hablar de la existencia de estos secretos, aunque su simple confesión puede bastar para hacerlos desaparecer.

---

3. Pérdida del apetito.

La primera vez que visité a Kevin porque no podía estarse quieto (tenía 8 años y cursaba segundo) me dio una nota: «Estoy muy triste y no sé por qué. Tengo la sensación de que mis padres me esconden algo». Su hiperexcitación (que también se llama hiperquinesia o inestabilidad psicomotora mayor) viene de lejos y estuvo precedida desde el nacimiento por anorexia[3] y trastornos del sueño. Sus padres ya habían estado casados anteriormente y su padre tiene la sensación de que nunca habría querido nacer *(sic)*. Kevin, por ejemplo, no soporta que su hermanastro lleve a su novia a casa y tiene comportamientos que sus padres no toleran, como cuando pide limosna a los pobres del pueblo o cuando cuenta a su primo pequeño que sus padres se van a divorciar. La mejoría relativa obtenida desde el inicio del tratamiento mediante el psicodrama individual anima a los padres a seguirlo rigurosamente. Su excitación permanente, de hecho, esconde en Kevin una auténtica depresión. Sin embargo, un tratamiento de larga duración (tres años de psicodrama individual) empieza a poner fin a una verdadera enfermedad, seguramente debida (según mi hipótesis) a un hecho de este tipo. Si existe un secreto de familia, como cree Kevin, todavía no se ha desvelado. Probablemente haber hablado de ello antes habría podido evitar al niño un tratamiento tan largo.

Muchos padres no pueden imaginar hasta qué punto su hijo puede ser sensible a estos secretos que le esconden para evitar precisamente que sufra.

☐ Un síntoma puede ser la expresión de una dinámica familiar

El determinismo del síntoma de un niño es variable y depende en gran medida de las fuerzas que están en juego en la dinámica familiar. Por ello, no debemos precipitarnos en realizar una psicoterapia que considere erróneamente al niño como el «único» enfermo de la familia.

Eduardo, de 8 años, está en segundo y viene acompañado por sus padres porque no soporta la frustración; es un verdadero adicto a los videojuegos. Solo, me dice claramente que sus «padres están hartos de que no deje la videoconsola cuando debo hacerlo». Es un niño que sufre: se pone nervioso, le castigan por nada y se siente tratado injustamente. En una segunda visita, Eduardo rechaza verme solo, y la madre me indica que lo ha criado «tres años ella sola» porque su marido trabajaba fuera. Aunque este vuelve todos los fines de semana, ella ha vivido esta soledad como un encierro con su hijo. Reconoce no haber podido ponerle límites y haberse sentido muy culpable. En la siguiente visita, solo veo al padre, pues Eduardo se niega de nuevo a verme. Según su padre, está mejor, y me deja entrever que su relativo distanciamiento escondía una falta de entendimiento larvado con su esposa. Todo irá mejorando sin necesidad de que el niño siga una terapia.

2
¿Cuándo consultar?

Los padres suelen esperar hasta el último momento para ir a ver al psicólogo o al psiquiatra, o se dirigen al médico de cabecera o esperan que los problemas, generalmente detectados en la escuela, los resuelva esta misma institución (la cual, como veremos más adelante, juega un papel imprescindible en la detección, pero que no debe ser el lugar de tratamiento del niño).

Por lo tanto, la demanda de los padres suele dirigirse hacia otros interlocutores antes de llegar al especialista adecuado, el psiquiatra. La escuela y el médico tienen la tarea fundamental de reconocer un problema real, es decir, ponerlo en el sitio adecuado para proponer después una ayuda psicológica. La orientación escolar, por ejemplo, no tiene mucho sentido en primaria, porque el niño debe seguir los estudios normales, excepto en aquellos casos médicos en los que se requiera el paso a un entorno protegido. En cambio, el instituto se presta más a la consulta psicológica, ya sea porque el responsable de orientación escolar y profesional descubre una inhibición de tipo psicológico, ya sea porque en la visita por dificultades escolares se interpreta que estas son consecuencia de una mala elección de los estudios.

Actualmente se recurre al psiquiatra de forma demasiado sistemática, cuando ni es la panacea ni un remedio infalible.

El niño puede necesitar una medida de otro tipo, como un cambio de clase o una reeducación. La ayuda psicológica podrá ayudarlo a vivir esta realidad de manera totalmente nueva y hacer desaparecer los síntomas que parecían ser una enfermedad, como en el caso de Óscar (pág. 24).

Por ello, resulta conveniente visitar, en la medicina pública o privada, a un psiquiatra infantil o a un psicoanalista para analizar la cuestión (hablaré de ello más adelante).

Malas razones para no consultar

Para consultar al especialista, en primer lugar, deben superarse las reticencias a pedir ayuda, y liberarnos de ciertos prejuicios implícitos. Contrariamente a lo que sucede con los adultos, los trastornos en el niño, como hemos visto, son variables, y los síntomas pueden ser sustituidos por otros, aunque los padres tiendan a pensar que van a desaparecer con la edad.

☐ Banalizar el sufrimiento del niño

Apelar a la voluntad, recurrir al deporte o a la intimidación son remedios de otra época que ya mostraron su ineficacia. Sin embargo, es lo que proponían los padres que venían por un problema de enuresis, una timidez enfermiza o un comportamiento provocador, por ejemplo. De hecho, no hace mucho tiempo ciertas consultas de psiquiatría infantil eran llevadas por médicos neuropsiquiatras formados exclusivamente en unidades para adultos. El modo de asignación de las unidades hospitalarias en la asistencia pública podía llevar a situaciones en que los neuropsiquiatras podían ser jefes de unidad y profesores de psiquiatría infantil. No todos sentían aversión por la psicología, pero su visión se limitaba a la detección de una enfermedad orgánica y, para el resto, a consejos. El sentido común médico (del que desgraciadamente carecen a veces algunos psicoanalistas) no basta. La enuresis, por ejemplo, teóricamente psicogenética,[4] puede curarse milagrosamente en algunas sesiones o, al contrario, resistirse singularmente a la psicoterapia. Es un «misterio» que relativiza mucho el «poder» de los psiquiatras. La timidez, que puede estar relacionada con muchos otros problemas (falta de seguridad, fobia, inhibición), no puede desaparecer sin comprensión. El comportamiento provocador, sea cual sea la forma que revista, suele ser un llamamiento a la autoridad del padre real, y la amenaza de castigo, aunque sea de un «profesor», no podrá ponerle fin. Es cierto, sin embargo, que la desdramatización de todos estos síntomas puede comportar de por sí una mejora, sin ningún tratamiento; sabemos incluso que el simple hecho de que los padres pidan una cita puede contribuir a aflojar muchas situaciones tensas.

☐ **La idea de que «se le pasará con la edad»**

Muchos padres, más bien padres que madres, están convencidos de que las dificultades de su hijo se le pasarán con la edad. Esta creencia puede verse confirmada por la posibilidad de que el síntoma sea reemplazado por otro, porque el niño, de hecho, perfecciona su sistema de defensa. Si ha empezado la psicoterapia, intentan minimizar su impacto sobre los progresos innegables de su hijo atribuyéndolos a la simple madurez. No es cuestión de contradecirles pero los especialistas pueden afirmar que, en caso de rechazo del tratamiento, los niños o adolescentes que vuelven a ver no han mejorado con la edad. La edad nunca

---

4. De *génesis* (origen) y *psico* (psicológico).

ha curado, y habría muchas cosas que escribir (para todas las edades) sobre este adagio fatalista y desafortunado.

Los propios médicos, actualmente muy sensibilizados, ya no suelen apostar por una mejora espontánea, cuando antes era habitual, por ejemplo, que una madre preocupada por los signos precursores del autismo infantil precoz (rechazo de la mirada del otro y de la madre en particular, indiferencia, lloros lastimeros) recibiera como respuesta del médico y del pediatra que «ya se le pasaría con la edad». Actualmente, por suerte, hay campañas de sensibilización orientadas a prevenir este síndrome,[5] mucho mejor tratado cuando se detecta precozmente.

☐ Prejuicios imaginarios

Entre todos los prejuicios, algunos se distinguen por su carácter irracional. De hecho, aunque se basen en una cierta realidad, la superan ampliamente y la transforman porque se apoyan en un imaginario subjetivo y muy inconsciente. Son productos de la imaginación que para algunos pueden convertirse en verdaderas convicciones.

El primero es el temor a la locura. Este prejuicio está en vías de desaparición gracias a la difusión del psicoanálisis, pero sigue estando de manera subyacente: como toda construcción imaginaria y en parte inconsciente, tiene una parte de razón. Las «profundidades» inconscientes suscitan, como todo lo desconocido, un temor parecido a esos terrores infantiles que algunos no han olvidado.

Los prejuicios de la psiquiatrización o de la psicologización son más modernos. Se resumen así: van a

---

[5]. Un síndrome es un conjunto de signos que contribuyen a una enfermedad. El autismo es un síndrome porque abarca «enfermedades» de orígenes y causas diversas.

convertir a mi hijo en un caso; peor, van a catalogarlo y a la vez le harán seguir el programa dictado por tal entidad psicopatológica. De nuevo, este prejuicio tiene un origen real, y este mismo libro puede alimentarlo si se espera de él que establezca una norma. Es cierto, además, que existen diferentes enfoques y que ciertas unidades hospitalarias esconden detrás del halo de la ciencia un interés innegable por las estadísticas y los tratamientos con medicamentos.

Más actual aún es el prejuicio del análisis interminable. Se teme que el tratamiento con el psiquiatra dure mucho tiempo y que sea horriblemente caro. De nuevo, voy a ser el abogado del diablo, es decir, del prejuicio: es difícil decir a los padres cuánto tiempo va a durar, pero debemos precisar lo siguiente:

— estos prejuicios están calcados del psicoanálisis para adultos;

— en ocasiones, pocas visitas bastan;

— una psicoterapia eficaz puede ser breve, siempre y cuando no se la considere un subproducto de la escolaridad que se termina con el curso académico;

— el tratamiento puede estar cubierto por la Seguridad Social, en parte o totalmente; su coste, por lo privado, no supera los recursos de los padres. Los psicoanalistas más competentes no son los más caros y no son necesariamente los más conocidos.

Estos prejuicios aparecen antes de ir a la consulta; otros, todavía más numerosos, se mostrarán después, y sobre todo durante la terapia.

☐ **La idea de que necesita medicamentos**

La difusión del psicoanálisis ha tenido efectos paradójicos. Como Maud Mannoni ha señalado siempre, esta propagación está lejos de ir acompañada de la comprensión de su acción.

Françoise Dolto ya pensaba que las indicaciones de psicoterapia analítica en el niño se banalizaban y sistematizaban demasiado: según ella, ello desembocaba en una eficacia peligrosa cuando el niño no sabía por qué tenía que «hacer dibujos en casa de aquella señora». Al contrario, ella preconizaba explicar las reglas del tratamiento al niño relacionándolo con su propio sufrimiento.

El recurso generalizado al psicoanalista ha provocado el refuerzo de las resistencias de una parte de sus adversarios. Con los innegables progresos de las neurociencias y el dinamismo de los laboratorios farmacéuticos relevados por ciertos programas de televisión, se ha desarrollado un pensamiento de tipo «biologizante», que preconiza el tratamiento con medicamentos de ciertos trastornos del comportamiento y terapias llamadas científicas porque no afectan al inconsciente. Llevándolo al absurdo, pronto tendremos que tomar pastillas para evitar los actos fallidos o los lapsus, con el pretexto de que son producidos por las neuronas (en el capítulo 4 hablaré de los medicamentos).

Así, algunos niños cuyos padres han caído en este circuito pueden ser tratados durante años sin grandes mejorías, porque en ningún caso se trata el problema de fondo. Además, una prescripción prolongada puede provocar un fenómeno de «escape», es decir, que el tratamiento deje de surtir efecto.

☐ **La idea de que podemos solucionarlo solos**

El sufrimiento de los hijos fragiliza a los padres. Cuando tenemos un hijo, deseamos transmitirle la mejor parte de nosotros mismos; tanto si queremos como si no, intentamos imponerle esta parte a pesar nuestro. Nuestro hijo hereda la parte más secreta de nosotros, la que nace del reto que nos imponen la vida y el misterio de nuestra presencia en la

Tierra. Lo educamos para prepararlo a afrontar la existencia, a tener en cuenta la realidad. Siempre mantenemos la esperanza de que garantice el relevo, ciertamente, pero también de que se tome la revancha de sus padres sobre lo que ellos no pudieron lograr debido a su nacimiento, al destino o a las circunstancias. Cualquier fracaso del niño afecta a este núcleo íntimo, y es importante ser consciente de ello. Es una de las raíces del sentimiento de culpabilidad que afecta a todos los padres que consultan al especialista, aunque hayan hecho «todo lo que era necesario».

El niño sufre, aunque hayamos hecho todo lo posible para evitarle este sufrimiento. A pesar del afecto, los esfuerzos materiales, el tiempo... no hemos conseguido resolver su problema. Convencidos de que somos nosotros los que debemos encontrar soluciones, pensamos que no somos buenos padres, aun cuando se trate de una enfermedad orgánica; por ejemplo, la madre se acusa de no haber tapado lo suficiente al niño, aunque haya pillado el virus del sarampión por contagio. Con más razón cuando se trata de problemas psicológicos, se acusará de no haber hecho lo necesario o, aún peor, de no ser el padre que tenía que ser. Sin embargo, como en el caso de cualquier infección, ni el cariño, ni el tiempo, ni los esfuerzos materiales bastarán para curar al niño, aunque puedan ayudar.

Los padres preferirían sufrir ellos mismos los problemas en lugar de vivirlos, impotentes, por medio de su hijo. Su reacción se acerca a la del instinto animal: preferirían sufrir en lugar del niño los peligros o las dificultades que lo amenazan. Entonces, cuando el afectado es el niño, la inquietud de los padres desorientados se transforma en reproches, los que se harían a sí mismos; en pocas palabras, se crea un círculo vicioso.

Los padres, por lo tanto, pueden dudar en consultar a un psiquiatra debido a la culpabilidad. Harán todo lo que puedan para compensar lo que consideran un perjuicio y, por ejemplo, aumentarán las recompensas y los regalos hacia el niño, que este recibirá con un placer mitigado. Cuando ya han dado el paso, algunos se toman mal la más mínima observación del especialista porque se hace eco de esta culpabilidad inconsciente. Es importante saber que entre lo que engloba esta observación y el eco inconsciente que esta hace resonar hay un abismo, el cual explica por qué la consulta al especialista puede hacernos tambalear tanto.

La búsqueda de la verdad, la verdad íntima del individuo que sufre, tal y como proponen el psicoanálisis y todos los métodos que derivan de él, no es ni fácil ni indolora. Esto explica por qué la psicoterapia analítica, incluso cuando pasa por el juego y el dibujo, asusta. Pero estos miedos imaginarios también son los que impiden estar mejor. Por ello deben formularse claramente para poder ser abordados con tranquilidad y superados. Siempre nos sorprenden las formas inesperadas que adopta este miedo: el sentimiento de los padres de ser responsables de las dificultades de su hijo, que parece a primera vista muy consciente y, además, muy natural, es una forma que adopta este miedo en el que nos apoyamos para pedir ayuda a regañadientes y querer solucionarlo solos.

☐ Hay que desconfiar de los psiquiatras

«De todas maneras, tampoco se ponen de acuerdo entre ellos», piensan algunos, porque los psiquiatras, debido a que no todos tienen la misma visión de las cosas, también tienen prejuicios, aunque su profesión (idealmente) consista en no tenerlos.

En efecto, existen dos escuelas de pensamiento: la denominada organicista piensa que los trastornos psíquicos tienen un origen orgánico; la otra, psicogenética, los considera de origen psíquico. Esta oposición provoca en los padres mal informados una sospecha legítima y en ocasiones refuerza su resistencia a consultar. Esta dicotomía existe tanto en el sector privado como en el público, es decir, en los servicios hospitalarios o en las consultas de los psiquiatras infantiles instalados por su cuenta, pero curiosamente es menos habitual en los centros medicopsicológicos, los cuales, en su inmensa mayoría, tienen una visión basada en el psicoanálisis.

¿De qué se trata exactamente? Caricaturicémoslos un poco para ver más claramente las diferencias, por ejemplo, relativas a los TOC ya citados. Aquellos que, en diferentes grados, no quieren «hurgar en el inconsciente», como dicen ellos mismos, tienden a banalizar estos trastornos impresionantes y angustiantes en ocasiones. Para estos, médicos organicistas y padres generalmente de buena fe agrupados en asociaciones, su origen solo puede ser orgánico, es decir, neurológico y hereditario. Como ciertos estudios han demostrado el interés de los medicamentos antidepresivos, mandemos al niño a tal hospital que practica estos tratamientos, y como tiene un «componente» psicológico, le indicaremos una terapia del comportamiento sin actuar en el inconsciente, con la idea de no condicionar al niño y de ayudarlo a actuar por voluntad propia. Este tipo de tratamiento codificado, lo que en términos médicos se conoce como protocolo, puede hacer estragos, pero también puede «resultar cómodo» a todo el mundo: al médico, que trabaja con datos simples y respuestas codificadas; a los padres, a los que se les evita el dolor de ser puestos en tela de juicio, y también al niño o al adolescente, que no tiene muchas ganas de participar activamente en su tratamiento, sobre todo para descubrir unos deseos que le incomodan. «De todos modos, si es psicoanalista, no abrirá la boca», también piensan.

En el lado opuesto, los jóvenes émulos de ciertas escuelas psicoanalíticas para los cuales todo tiene que ver con la psicología no concebirían recurrir a una «atención» psicoanalítica desde la primera visita, compuesta por silencios acompañados de «hum, hum», priorizando ciertas palabras en detrimento de los verdaderos interrogantes sobre el paciente y su familia. Esta actitud, sin embargo, está muy desfasada actualmente, porque la verdadera atención psicoanalítica, sobre todo en una primera cita, no está reñida con el sentido común. Este equilibrio, de todas maneras, depende de lo que pide la familia y del modo en que presenta las cosas: el profesional no tendrá la misma actitud si los padres vienen obligados por la escuela, que no puede más, o si vienen a hablar en confianza con alguien que les han recomendado.

Si bien los prejuicios pueden afectar a todos los protagonistas, no se pueden hacer desaparecer del todo (ni los de los padres ni los de los psiquiatras). Así se entiende que algunos psiquiatras infantiles, especializados en tal o tal forma de tratamiento, tiendan a indicar uno más que otro. Por mi parte, quizás tiendo a indicar con facilidad el psicodrama individual, porque puede ser muy eficaz, pero para mi descarga también debo decir que en ocasiones lo he olvidado… para mal.

¿Cuándo no debemos dudar?

Los padres pueden haber observado un problema o haber sido alertados por las personas cercanas al niño: maestros, educadores, canguros, otros miembros de la familia… Se puede decir que la inquietud es la que guía a los padres, pero el grado de ansiedad es muy variable según el sujeto: un padre que no está preocupado cuando varias personas sí lo están debería escuchar sus avisos y consultar con un especialista. Por otro lado, cuando la escuela es la que propone que el niño vaya a ver al especialista, aunque algunos maestros fuercen un poco el recurso al psiquiatra, puede escucharse el consejo y consultar, pero después no debemos sentirnos obligados a rendir cuentas con el profesor. Este asunto debe permanecer en el ámbito de lo privado.

◻ **Algunos signos que deben alertar**

A veces, para los padres es difícil observar signos de sufrimiento en su hijo. ¿Por qué? Simplemente porque las familias viven en una especie de simbiosis, y es poco habitual que una señal llegue realmente a provocar una ruptura en este equilibrio.

Es cierto que la comparación con otro niño (o la opinión del pediatra) puede ayudar a los padres a plantearse preguntas útiles cuando observan, por ejemplo:

— cambios repentinos de humor: el niño está irritable, rompe a llorar, tiene rabietas, se cierra en sí mismo y deja de confiar en él cuando parecía sentirse bien;

— cambios de comportamiento: no presta atención, está excitado o completamente ausente;

— si hasta ahora era buen alumno, deja de trabajar, o trae malas notas aunque sí estudia: los trastornos de concentración tan habituales suelen indicar que el niño está preocupado, sin necesariamente saber por qué (véase el capítulo 1);

— si es buen alumno, está muy serio, no juega, parece querer complacer demasiado a los adultos, o le gusta hacer juegos regresivos que ya no son de su edad;

— dificultades de aprendizaje, del desarrollo motor, afectivo o intelectual: sigue pareciendo un bebé, lloriquea todo el rato, no consigue tener amigos, irrita a todo el mundo, sus compañeros lo maltratan;

— trastornos del sueño, enuresis (diurna o nocturna), ensucia la ropa interior o se niega a hacer de vientre regularmente.

En realidad, ninguna lista es exhaustiva, porque la expresión de un sufrimiento psíquico puede ser muy variada e ilógica.

¿Cuándo prestar atención a estos signos, algunos de los cuales pueden parecer banales?

— *Cuando duren mucho tiempo,* podemos fijarnos en otros niños (de hecho, no dejamos de hacerlo), en la escuela, en el comportamiento con relación a los otros hermanos, con los compañeros y los amigos (el niño sabe diferenciarlos rápidamente). También puede observarse si existe un desfase importante entre, por ejemplo, el desarrollo intelectual y afectivo, incluso físico (torpeza...).

— *Un cambio brutal,* como hemos visto, puede ser señal de un sufrimiento que afecta sobre todo a los padres (cambio de carácter, trastornos del sueño, nerviosismo).

— *La persistencia:* la gran sensibilidad de los padres frente a las dificultades potenciales de su hijo puede incitarlos a consultar rápidamente o a llamar el mismo día de su aparición al psiquiatra infantil. Cabe recordar, ciertamente, que ninguna visita resulta inútil, pero el niño tiene derecho a manifestar un signo de sufrimiento pasajero sin que por ello se lo lleve al psiquiatra. Además, tal signo puede estar «dirigido» al padre. Un empeoramiento momentáneo de los resultados escolares, por ejemplo, es habitual y no debe dramatizarse. El niño puede resolver por sí solo esta dificultad pasajera, momento en que el síntoma desaparece. En cambio, la persistencia de un síntoma, confirmada por el entorno, justifica la consulta al especialista; indica que el niño no consigue superar solo la dificultad y que necesita ayuda.

Un caso particular: el nio superdotado

Cada vez es más frecuente que los padres, o el maestro, planteen el problema de un don que requiere una escolaridad aparte o pasar a un curso superior. Este problema se ha convertido en un auténtico fenómeno de sociedad, y los psicólogos privados, especializados en este ámbito, están saturados. El niño es realmente superdotado cuando su coeficiente intelectual, el famoso CI (que es una media estadística), supera claramente el umbral de 130. Se trata por lo general de niños hipermaduros, que se aburren en clase, donde a veces obtienen malos resultados, que dominan sin ningún tipo de placer a sus compañeros que los rechazan («sabelotodo» no es un insulto presente solo en los institutos del extrarradio) y que prefieren mantener conversaciones de alto nivel con los adultos. Estos niños (pocos, en realidad) pueden necesitar un entorno protegido. Por debajo de 130, en cambio, encontramos a niños de entornos favorables que pueden dar fácilmente rienda suelta a sus facultades y cuya madurez no siempre se corresponde con su capacidad intelectual. Poner a estos niños en un curso superior no siempre es una buena solución. Es mejor, si van sobrados, proponerles alguna formación complementaria (instrumento musical, idioma...) que los estimule y favorezca su realización dentro de su franja de edad y a todos los niveles.

¿Es necesario un tratamiento?

Mientras que en algunos casos una visita puede bastar para solucionar un problema serio (véase el capítulo 3), en ocasiones lo indicado es seguir un tratamiento. La palabra *indicado* debería estar entrecomillada, porque es un préstamo del vocabulario médico: la medicina prescribe, pero la psicología no. En nuestro ámbito, de hecho, el paciente no solo debe cooperar (como en medicina) sino que también debe participar. En algunos casos, incluso, el niño paciente sabe muy bien lo que necesita y el profesional debe dejarse guiar.

Sin embargo, cuando el niño no sabe cómo pueden ayudarlo, o cuando debe explicarse a los padres por qué elegimos un método y no otro, el psiquiatra infantil o el psicólogo pueden dar su opinión y decir cuáles son sus criterios.

Si trabajan en un centro, deben explicar no solo lo que hacen sino también quiénes son. De hecho, la mayor parte de los centros practican psicoterapia, pero el lugar de esta difiere según la ideología del equipo. Entre estas ideologías, se encuentra el psicoanálisis, pero también la psicología del comportamiento, la terapia familiar, la psiquiatría biológica, etc. Estos centros deben dar servicio a la población y no seleccionar los casos. Sin embargo, el modo en que el médico concibe la causa y el mecanismo de los problemas psicológicos y escolares influye en la elección del tratamiento que ofrece. Por ello, creo que es honesto que el médico diga qué tipo de ideología sigue, lo cual no siempre es así en realidad.

Sin embargo, los padres, cuando se les explica el tratamiento, suelen estar de acuerdo. En los casos poco habituales en los que no hay acuerdo, siempre se puede encontrar una solución.

☐ Criterios subjetivos

El principal criterio subjetivo es el deseo del niño por seguir tal o tal tipo de cura. Este criterio es tan fundamental que puede bastar para justificar orientarlo primero hacia una psicoterapia en lugar de una reeducación.

Arturo sufre de dislexia-disortografía grave (dificultades específicas en lectura y escritura) que puede tratarse mediante reeducación ortofónica pero también con la ayuda de una psicoterapia, completada o no con una reeducación (véase el capítulo siguiente). El padre perdió a su madre cuando tenía 6 años, y fue criado por su hermana; después, a los 9 años, se fue con su padre, el cual lo dejó «a su propia suerte». Con 14 años, cuando trabajaba con su abuelo herrero, después de haber desobedecido a su padre, tuvo un grave accidente de motocicleta del que todavía no se ha recuperado (fractura mal consolidada).

La madre de Arturo es muy ansiosa. Arturo dice que tiene problemas con el maestro; no quiere reeducación pero desea hablar. Su madre rechaza todo lo que no sea reeducación, pero Arturo insiste tanto que consigue que lo lleven a mi consulta varias veces. Me cuenta sueños sobre la escuela angustiantes. Me dice: «Papá grita, no lo quiero, quiere que lo haga todo como él». Después: «El maestro está menos burlón que antes. Seguro que se ha dado cuenta de que trabajamos mejor cuando grita menos». Al cabo de algunas sesiones, declara: «Ahora que ya lo he dicho todo, puedo hacer la reeducación».

En este caso, el deseo del niño ha prevalecido no solo por encima del de los padres (lo cual es poco habitual) sino también sobre el sentido común y objetivo que dice que se «rehabilitan» los tipos de trastornos llamados «instrumentales» en oposición a los de tipo afectivo, es decir, un trastorno relacionado con el aprendizaje más que con la relación educativa.

El criterio subjetivo también puede ser simplemente temporal: el niño no está listo por ahora, pero podrá estarlo más adelante.

□ Criterios objetivos

Los criterios objetivos están formados por diferentes parámetros:

- *La edad.* Puede parecer que los tratamientos se dirigen a niños que hablan, lo cual no es del todo cierto, porque pueden realizarse terapias madre-hijo basadas no solo en las palabras de la madre sino también en los gestos del bebé que «responde» a las actitudes maternas. Es impresionante ver la expresividad del bebé cuando el analista habla con él o con su madre. Françoise Dolto ha demostrado que una intervención del analista puede ser excelente en muchas dificultades de los bebés. Así, los cólicos de los tres primeros meses, la anorexia (falta de apetito), insomnios precoces, lloros continuos... son síntomas para los cuales resulta adecuado consultar a un psicoanalista especializado en trabajar con los más pequeños después de eliminar las posibles causas orgánicas; a menudo, pocas sesiones bastan.

La psicoterapia y la reeducación pueden realizarse a todas las edades, solo cambia el instrumento de la terapia: en los niños muy pequeños se da más importancia al juego, pero en los que están ya en edad escolar se recurre al dibujo, a la plastilina o a las marionetas. Sea cual sea el instrumento utilizado, lo básico es lo que el niño puede llegar a decir. Incluso si, a través del dibujo, el especialista ve más de lo que le cuenta el niño, la regla es no interpretar bruscamente para no atormentar inútilmente al joven paciente con un problema del que no es consciente. Ello es válido para todos los tipos de tratamiento.

> Armando, visitado a la edad de 16 años, recuerda literalmente cómo le traumatizó la interpretación de un psiquiatra, amigo de su padre médico. Cuando tenía 6 años, este le pidió que dibujara a su familia. Armando «olvidó» dibujar los brazos de sus padres, y el psiquiatra declaró que «no cogían a su hijo en brazos y que este carecía de afecto». Era cierto, pero dicho así el comentario no hizo más que humillar a Armando, que se sintió traicionado porque el psiquiatra había desvelado su sufrimiento sin que él lo hubiera pedido.

- *Las muestras del comportamiento.* Ensimismamiento, agresividad, nerviosismo, timidez... traducen una posible dificultad en el campo afectivo. El profesional quizás detecte los síntomas de una neurosis, una psicosis o una depresión en el niño o, como sucede con muchos síntomas, concluirá que estos solo indican un problema de relación que siempre implica a los demás, y los enfados son un buen ejemplo. Las fugas en adolescentes tampoco indican necesariamente una patología intrínseca.
- *Las dolencias de origen psicosomático.* Resultaría demasiado extenso hablar aquí de qué es psicosomático y qué no; de hecho, para calificar con rigor un trastorno psicosomático, deberíamos «probar» que un problema psíquico ha causado una lesión orgánica. Cabe decir que, mientras todavía no se habían descubierto las verdaderas causas orgánicas de ciertas enfermedades, la tendencia era encontrarles un origen psíquico, sobre todo si tenían repercusión sobre el carácter.[6] El modelo demostrado de una afección psicosomática es el del *enanismo psicosocial*: se trata de niños de poca estatura que empiezan a crecer en cuanto se les retira del entorno familiar y que dejan de crecer cuando regresan al mismo; la prueba se obtuvo con la dosificación nocturna de la hormona de crecimiento, pero este tipo de prueba es excepcional. La mayoría de los pediatras, sin embargo, han observado que ciertos niños reaccionan ante la ansiedad de la madre mediante cólicos cuando su sistema nervioso vegetativo no está maduro, es decir, antes de los tres meses, después de los cuales desaparecen. Algunas infecciones, como las rinofaringitis o las otitis reiteradas, parecen sensibles al estado afectivo del niño y de su entorno, ya que desaparecen cuando este

---

[6]. Este fue el caso de la úlcera gastroduodenal, cuyo causante sabemos ahora que es un microbio, o del glaucoma (hipertensión ocular), que de hecho es una enfermedad hereditaria.

cambia. Pero debemos ser prudentes en cuanto a su interpretación, ya que, aunque la correlación sea cierta, el modo de expresión del trastorno psíquico a través del cuerpo demuestra que todavía no puede expresarse verbalmente (o no puede «ser mentalizado», según la expresión). Por consiguiente, prefiero hablar de signos de alerta que utilizan la vía corporal.

> Martín, de 5 años, sufre fuertes dolores de cabeza y vómitos por los que ha tenido que ser hospitalizado, sin que las pruebas revelen nada orgánico. El pediatra me lo envía porque «en él, no consigue distinguir lo psíquico de lo orgánico». Estas molestias se producen desde hace varios años sin que pueda establecerse un vínculo evidente con hechos concretos. Martín no tiene molestias en casa de sus abuelos maternos, pero ahora se encuentra lejos de ellos debido al traslado de sus padres. Para él, este alejamiento ha supuesto una ruptura difícil. Desde entonces, de hecho, choca mucho con su madre y rechaza ciertos alimentos. Me entero de que los padres han cambiado de domicilio para alejarse de la suegra. En la segunda visita, sucede casi un milagro: Martín ha dejado de vomitar y los padres lo relacionan sobre todo con unos problemas evidentes. De repente, han decidido dejar de ceder: ahora, aunque vomite, si tienen que marcharse, cogen el coche. Los padres no se sienten culpables y se comportan como padres, lo cual disminuye la ansiedad de Martín.

• *Las dificultades de aprendizaje.* Un gran número de disortografías o de discalculias puede ser objeto de reeducaciones adecuadas, sobre todo cuando se producen de manera aislada, pero antes hemos visto que muchas de ellas van acompañadas de otras dificultades que es necesario resolver previamente antes de iniciar la reeducación. Además, pueden tener un significado inconsciente cuya descodificación podrá permitir en ocasiones una gran mejoría. La incapacidad de hacer divisiones o restas puede traducir la imposibilidad para el niño de aceptar una recomposición familiar, por ejemplo el divorcio de sus padres. Como mostró Stella Baruk en *Échec et maths*[7] (Fracaso y matemáticas), el problema de las matemáticas también plantea, sobre todo en los enunciados, un problema de lengua, es decir, de comprensión, cuyas raíces suelen ser psicológicas.[8]

◻ **Cómo presentárselo al niño**

Un primer consejo: si teme que su hijo pequeño o adolescente rechace la consulta con el especialista, sobre todo no le cuente historias. No le diga, por ejemplo, que se lo lleva de compras. Primero, el niño comprobará que lo ha engañado, lo cual no es nada deseable. La mentira de los padres merma en el niño de forma duradera su confianza en ellos y en los adultos. Además, pondrá más difícil la tarea al especialista, porque deberá partir de lo que molesta al niño para proponerle una ayuda.

Si el niño no sabe por qué va, o más bien por qué sus padres lo han llevado, no tendrá nada que decir a este extraño que le hace preguntas.

A decir verdad, muchos padres temen dar al niño la impresión de que se están quejando a una tercera persona. Es cierto que la petición de ayuda aparece a menudo de esta forma. «En clase trabaja poco, desobedece, tiene pataletas, todavía se hace pipí en la cama, etc.» se utiliza más que «está mal consigo mismo, está triste, no tiene amigos». Este segundo registro, por otro lado, también es considerado negativo por

---

7. Point Sciences, Le Seuil.
8. Véase el caso de Carlota en el capítulo 7.

los padres y, por ello, el niño que lo oye suele sentirse menospreciado por tales observaciones.

Por todas estas razones, aconsejo a los padres que digan al niño la verdad, pero una verdad traducida en palabras simples; por ejemplo, los padres pueden explicarle al niño que necesitan los consejos de un psicólogo porque no saben cómo arreglárselas, o que están preocupados y quieren saber si su hijo necesita una ayuda externa. A partir de aquí, el especialista podrá ver al niño solo y presentarse ante él como «un doctor que no pone inyecciones» en el caso de los más pequeños, que se conforman con poco, y seguir con «... que habla con los niños para saber si necesitan ayuda». Los niños, en general, suelen comprender muy bien esta noción y a menudo ellos mismos dirán la ayuda que esperan con sus propias palabras, que se deberán explicitar y traducir. A veces es posible proponer un juego de rol: el niño se pone en el lugar del «doctor» mientras que el psiquiatra interpreta el papel del niño. Así, a veces, al psiquiatra le recetan medicamentos, le dan buenos consejos, como obedecer a los padres, o incluso una madre de sustitución en el caso de un niño criado por una pareja de hombres homosexuales. De hecho, la actitud del psiquiatra varía con la edad. Los adolescentes, por ejemplo, suelen entender fácilmente la función de un psicólogo, aunque estén mal, y saben que los centros medicopsicológicos los ayudan porque les permiten hablar.

Cuando el niño se niega

Si el niño no está de acuerdo, decirle que nos tiene preocupados y que nos gustaría visitar al especialista pero que este no lo obligará a hablar puede permitirle dar el paso. Después podemos tener alguna sorpresa, si el rechazo que mostraba era solo una actitud y decide seguir el juego. Si se niega por completo, los padres pueden acudir por su cuenta para analizar el tema y evaluar la necesidad de hacer algo. La orientación (véase el capítulo 6, pág. 145) es entonces uno de los recursos más apreciados. Finalmente, el simple hecho de que el niño vea a sus padres preocuparse de este modo por él puede llegar a desbloquear las cosas.

3
¿A quién consultar?

Mientras que en el campo médico la confianza se basa en primer lugar en una técnica y después el médico la aplica, en psicología es prácticamente lo contrario y, en la medida en que las técnicas parecen algo misteriosas, la confianza se deposita en primer lugar en el terapeuta.

¿Qué especialista?

En primer lugar, debemos saber a quién dirigirnos; por ejemplo, existen circuitos basados en la estima recíproca formados por diferentes especialistas infantiles: profesores, médicos de cabecera, pediatras, asesores, psicólogos escolares...

Todos conocen a psiquiatras infantiles, psicoanalistas, psicoterapeutas, rehabilitadores (en ortofonía, psicomotricidad, psicopedagogía).

Estos circuitos o redes[9] tienen, evidentemente, ventajas e inconvenientes, como las páginas amarillas de la guía telefónica.

---

9. Oficializadas de este modo en las circulares ministeriales que rigen la salud mental en Francia.

- **¿Psiquiatra infantil o terapeuta?**

Se tiende a confundirlos en parte porque muchos psiquiatras que han completado su currículum médico con una formación personal hacen ambas cosas. Además, la formación universitaria inicial del terapeuta, médico o no médico, no cuenta cuando los padres encuentran por fin al terapeuta adecuado para su hijo. En general, el psiquiatra infantil, según el modelo médico, indica un tratamiento que efectúa el terapeuta, pero esta división de los papeles, a menudo imprescindible para el tratamiento del niño, puede invertirse: un terapeuta puede perfectamente prescribir a un niño o a un adolescente una terapia con un psicoanalista que también puede ser psiquiatra infantil.

El psiquiatra infantil

Es un profesional que ha cursado la carrera de Medicina, ha obtenido una plaza de interno y se ha especializado en psiquiatría después de haber realizado prácticas en unidades especializadas, durante las cuales ha participado en el seguimiento de varios niños y se ha formado gracias a los intercambios con sus semejantes y sus profesores. También puede haber seguido a adultos y haberse familiarizado con la nosografía (clasificación de las patologías mentales) y los tratamientos psiquiátricos. Su interés por la pediatría y la patología del niño o del adolescente ha podido valerle, durante sus estudios o posteriormente, el reconocimiento como «psiquiatra infantil» por el consejo del Colegio de Médicos, pero la psiquiatría infantil no es una especialidad universitaria. Solo lo es la psiquiatría, lo cual es importante: una visión puramente «paidopsiquiátrica» de los trastornos mentales daría una idea sumamente parcelada de la patología mental en general.

Especializarse únicamente en psiquiatría infantil, sin pasar por la psiquiatría general, es como especializarse en pediatría sin conocer la medicina general.

Después de esta formación básica, podemos encontrar dos tipos de psiquiatras infantiles. El primero, según el modelo universitario, diagnostica y trata los trastornos mentales, como aprendió en ciertas unidades hospitalarias, con ayuda de conceptos neurobiológicos. Rechaza el psicoanálisis porque «no lo considera científico», es decir, no conforme con el modelo de las ciencias exactas. Así pues tiende, por una parte, a recetar medicamentos psicótropos[10] y, por otra, a recetar terapias llamadas cognitivistas y comportamentales orientadas a fenómenos conscientes (lo veremos más adelante). Estas terapias se basan en unas constataciones de las que el sujeto debe concienciarse para jerarquizar las dificultades sobre las que puede actuar. Para los psicoanalistas, apelan a la sugestión, es decir, a la sumisión a un orden superior aceptado por el sujeto, pero si el síntoma es muy molesto para el niño pueden ser interesantes a corto plazo.

El psiquiatra infantil del segundo tipo se plantea cuál es la mejor manera de ayudar a padres, niños y adolescentes (en general desde el inicio de su carrera) y se ha dado cuenta rápidamente, en la práctica, que esta ayuda pasa por la palabra. Pero la palabra y su verdad se utilizan incorrectamente en los trastornos psíquicos y se deforman de varias maneras: malentendidos, cosas que se callan, olvidos, rechazos, fijaciones... y son fuente inconsciente de muchos sufrimientos. El paciente es el que debe encontrar todos estos fallos en su historia infantil, como descubrió

---

10. De *trope*: con destino a. Se distinguen, *grosso modo*, los tranquilizantes, los antidepresivos y los neurolépticos (contra los fenómenos psicóticos). Una categoría aparte es la ritalina, un excitante anfetamínico que tiene una acción paradójica contra la excitación.

Freud: el psicoanalista lo ayuda gracias a sus conocimientos, pero también gracias a ser él mismo, a su historia personal. De aquí la necesidad que tiene de conocer su inconsciente y de haberse analizado por su cuenta. El psiquiatra infantil que intenta resolver lo antes posible en la infancia real del niño los conflictos que se traman en su inconsciente encontrará en su psicoanálisis personal una formación mucho más importante para él que las nociones abstractas de los libros (aunque también son imprescindibles). Así, tenderá a curar al niño mediante psicoterapia psicoanalítica (forma adaptada de psicoanálisis o de otras técnicas derivadas: psicodrama individual, juego de rol). Además, podrá ayudar a los padres mediante una orientación, reducir los conflictos familiares gracias a una terapia familiar o mejorar el entendimiento entre los padres proponiéndoles una terapia de pareja.

Evidentemente, la descripción de estos dos tipos de psiquiatras infantiles es esquemática. El psiquiatra biologista podrá prescribir una psicoterapia analítica o mandar a su cliente a un terapeuta, y el psiquiatra psicoanalista podrá prescribir medicamentos o incluso una terapia comportamental paralelamente a su acción.

El psicoterapeuta

A menudo sucede que los padres consultan directamente a un psicoterapeuta, sin pasar por un psiquiatra infantil, del sistema privado o público. En el segundo caso, el tratamiento será responsabilidad del psiquiatra infantil director del centro que puede visitar al niño en una segunda fase. Por ello, la fórmula de una consulta paidopsiquiátrica previa me parece la más adecuada (es comprensible por qué la falta de psiquiatras infantiles dificulta el funcionamiento de los centros públicos y semipúblicos). Esta visita, de hecho, puede ser suficiente en la mayoría de los casos o desembocar en una reeducación, una orientación o una psicoterapia. Si el niño es confiado a un terapeuta o a un rehabilitador, el psiquiatra infantil podrá ver con frecuencia a los padres.

Si este psicoterapeuta es psiquiatra infantil, volvemos al párrafo anterior, pero a la vista de la diversidad de formación de los psicoterapeutas también podremos separar esta categoría en dos: los psicoanalistas (o que recurren al psicoanálisis) y los que no recurren a él en absoluto.

Los que recurren al psicoanálisis

Aparte de los médicos, la mayoría de los psicoterapeutas que recurren al psicoanálisis son psicólogos, en principio psicólogos clínicos. Tienen una formación universitaria (diplomatura, licenciatura y tesis), han realizado numerosos cursos prácticos y a menudo cuentan con una formación complementaria en psicoterapia infantil o en psicodrama sobre el terreno. Igual que en el caso de los médicos, los interesados en el psicoanálisis inician lo antes posible una cura personal, seguida de seminarios en escuelas o asociaciones de psicoanalistas. Esta cura personal irá seguida de controles (cura practicada en el sector privado o en instituciones bajo la supervisión de un analista veterano) y de una habilitación que adoptará caminos diferentes en función de las escuelas, pero que recurrirá a semejantes o a veteranos que puedan juzgar la calidad personal del candidato. También existen auténticos psicoanalistas, a menudo de formación filosófica, formados y reconocidos por una escuela, que no han seguido esta formación (pero cada vez más psicoanalistas sienten la necesidad, a nivel normativo, de seguir una formación universitaria, la única que les permite trabajar en el sector público). Así pues, se trata de una formación muy seria.

Por lo tanto, como el título de psicoanalista no está ni protegido ni reconocido, cualquiera puede poner una placa y ejercer esta profesión sin rendir cuentas a nadie. Sin embargo, la mayoría de los psicoanalistas se forman en sociedades que realizan una selección larga y rigurosa. Su formación se basa en un análisis personal y en controles (análisis supervisados). Su participación en una empresa reconocida es una garantía de esta formación, lo cual debería evitar que el público se dirigiera solo a los diplomados oficiales (médicos o psicólogos), que no por ello garantizan esta formación profesional que no siempre realizan.

En cuanto al estatus del psicoterapeuta infantil, como en el caso de los psicoanalistas, no está reconocido ni por el Estado ni por los centros que los contratan. Esta situación ha sido propiciada por los propios interesados, que querían mantener su profesión alejada de cualquier intromisión estatal. Por ello, en las consultas, centros (internados o centros medicopsicológicos externos), hospitales de día, institutos medicoeducativos, centros de ayuda ocupacional, etc., los psicoanalistas no están remunerados como tales. Trabajan como médicos o psicólogos, mientras que los propios textos oficiales reconocen, recomiendan e imponen la práctica de la psicoterapia.

◻ El chequeo psicológico

El chequeo psicológico es el medio del que dispone el psicólogo para determinar, mediante test, la inteligencia y la afectividad del niño o del adolescente. Sin embargo, los test son una manera indirecta (con relación a las preguntas simples) de recoger cierta verdad. Esto indica hasta qué punto este chequeo está impregnado de ética clínica: no pueden leerse sus conclusiones a la familia sin las reservas que exige el respeto del secreto que todo profesional debe al niño. Además, las condiciones de la realización de la prueba y la actitud del clínico pueden influir en lo que no será más que un cliché, una fotografía del niño en un momento dado. Dicho esto, el chequeo puede ser útil, por un lado, para la institución escolar cuando se plantea un problema de orientación, y por otro, como ayuda al diagnóstico, sobre todo para los especialistas no formados en psicoanálisis.

Los test de aptitudes, o «mediciones» de la inteligencia, se gradúan estadísticamente; en particular, se distinguen las escalas de Wechsler, entre las cuales la WISC (escala de Wechsler para niños) es la utilizada habitualmente. Consta de dos partes muy distintas: la parte verbal (que tiene que ver con el vocabulario, la comprensión, las similitudes, etc.) y la parte de rendimiento, que se basa en la colocación de imágenes, el montaje de objetos, cubos (es decir, que mide la inteligencia «bruta»). De hecho, es interesante comparar las dos series de resultados, ya que una diferencia importante entre ambos tipos de inteligencia tiene un significado diagnóstico y, por tanto, terapéutico.

Entre los test de personalidad más utilizados, se encuentran:

— el TAT *(Thematic Aperception Test)*. Se pide al niño que invente historias a partir de imágenes que se le enseñan y que pueden evocar relaciones edípicas, la ansiedad del abandono, la agresividad, etc.;

— el Rorschach, inventado por el psicoanalista suizo epónimo, se basa en el mismo principio, pero las imágenes son sustituidas por las famosas manchas de tinta. Gracias a ciertas comparaciones que han sido objeto de numerosas investigaciones, permite estudiar la relación del sujeto con las imágenes parentales interiorizadas e inconscientes (la madre llamada arcaica, por ejemplo, las relaciones sociales, la sexualidad y el complejo de Edipo).

Otros test exploran la percepción, la motricidad y el nivel escolar.

Cabe recordar, en todo caso, que los chequeos solo son útiles si son globales, si no se limitan a los test de aptitud. Los test de personalidad, por ejemplo, miden igual de bien la inteligencia que el Wechsler.

☐ **En el sector público**

En el sector público en España existen dos tipos de recursos asistenciales para la atención psicológica de niños y de adolescentes. Estos centros son los llamados CDIAP (Centros de Desarrollo Infantil y de Atención Precoz) y CSMIJ (Centros de Salud Mental Infantil y Juvenil).

Los CDIAP atienden a niños de 0 a 6 años con dificultades evolutivas o riesgo de sufrirlas por cualquier motivo.

Las familias pueden consultar por indicación de su pediatra, de la guardería, de la escuela o por iniciativa propia, cuando tienen alguna duda o alguna preocupación respecto a la evolución de su hijo o hija. Es necesario solicitar hora previamente.

El equipo del CDIAP es pluridisciplinar: está formado por pediatra, psicólogos, fisioterapeuta, logopeda y asistente social.

La atención precoz es el conjunto de intervenciones diagnósticas y terapéuticas dirigidas a aquellos niños que presenten retraso o trastorno del desarrollo psíquico, motriz o sensorial de cualquier etiología. Su objetivo es ofrecer de manera efectiva y continuada elementos que faciliten el desarrollo de las potencialidades evolutivas que tiene el niño.

El CDIAP tiene función diagnóstica y terapéutica. Cuando una familia consulta, se hacen las entrevistas diagnósticas y se piden los informes o las pruebas complementarias que se consideren imprescindibles para llegar al diagnóstico clínico global necesario para orientar el plan terapéutico. A continuación se propone el tratamiento o seguimiento que corresponda.

El tratamiento es conducido por los profesionales que, según el caso, se consideren más adecuados, aunque colaboran todos los profesionales del equipo, que intervienen cuando es necesario. Con los niños más pequeños, el tratamiento a menudo consiste en ayudar a los padres para que, en la convivencia con su hijo, encuentren los momentos más adecuados para establecer formas de relación y actividad que estimulen la evolución del niño. A los niños más mayores, cuando se considera apropiado, se les ofrece tratamiento individual o de grupo según sea más recomendable.

El CDIAP organiza también grupos de padres para ayudarlos a observar la relación que establecen con los hijos y evitar círculos viciosos que a menudo se generan alrededor de los problemas.

Siempre que se necesite, los profesionales del CDIAP se ponen en contacto con otros profesionales que atienden al niño (pediatra, médicos de otras especialidades, educadores, etc.) para colaborar con ellos y ayudar en la evolución del niño. Se intenta conocer al niño también en el entorno de la escuela y de la guardería para, a través de los intercambios con el educador, aportar la vertiente psicológica para facilitar su integración y también para coordinar mejor las diferentes facetas de la asistencia al niño y a su familia. El CDIAP participa en las tareas de investigación y de docencia, con la función de investigar formas de detección y prevención, diagnósticas y terapéuticas, utilizando para ello su propia experiencia asistencial y su casuística.

Los profesionales del CDIAP comparten su experiencia con otros miembros y contribuyen en la formación de profesionales jóvenes. Además, participan en espacios de reflexión y formación continuada.

Los CSMIJ son el conjunto de servicios destinados a prestar atención ambulatoria especializada en psiquiatría y salud mental a la población de 0 a 18 años, así como a dar soporte a la atención primaria de salud. También han de desarrollar funciones de prevención de enfermedades y de promoción de la salud.

Este tipo de atención especializada comienza generalmente por un proceso diagnóstico (establecido tras una o varias entrevistas), la exploración propiamente dicha —que, según sea necesario, consistirá en entrevistas, observación de hora de juego, administración de test, grupos diagnósticos paralelos, petición de informes médicos o escolares, pruebas complementarias o exploraciones de otros especialistas, etc.

— y una entrevista de síntesis en la que se explica a los padres, al niño y al adolescente la propuesta terapéutica. Esta propuesta consiste en el despliegue progresivo de las intervenciones terapéuticas necesarias para mejorar la situación clínica.

Los profesionales del equipo han investigado y desarrollado un abanico de modalidades terapéuticas de base psicodinámica, focalizadas, flexibles y progresivas, realizadas de forma individual, familiar o grupal, adecuadas a la asistencia primaria y que se utilizan según las situaciones clínicas. Siempre que estos profesionales lo recomienden, también se hace un uso dinámico de la farmacología. Las características de algunas de estas intervenciones clínicas hacen menos precisa la frontera entre periodo diagnóstico y periodo terapéutico, si bien ambas funciones se mantienen diferenciadas. Se basan en el establecimiento de un vínculo significativo con el paciente y/o familia, la atención al foco de conflicto y la utilización de funciones psicoterapéuticas esenciales. El nivel de intervención se ajusta a las capacidades elaborativas presentes en la situación clínica.

Entre las modalidades terapéuticas propias de la asistencia primaria se pueden citar:

— El seguimiento psicoterapéutico de los niños, adolescentes y padres, en forma de entrevistas periódicas, para revisar su situación y la del entorno en general, y así poder realizar los reajustes necesarios y atender la dinámica familiar.

— Las intervenciones psicoterapéuticas durante la exploración: el profesional que explora, si lo cree conveniente, conversa con el niño sobre los aspectos que se van haciendo visibles en la exploración y que él considera útiles como primera aproximación psicoterapéutica.

— Las intervenciones breves de inicio o de apertura del proceso terapéutico, que además de ofrecer elementos psicoterapéuticos, aportan también otros para ampliar y completar el diagnóstico y precisar la pauta terapéutica que se va a seguir después.

— La focalización e intervención terapéutica desde la primera entrevista, siempre que se considere útil este tipo de intervención breve.

— Las intervenciones familiares breves, en forma de grupo de sesiones, que buscan conversar con la familia sobre el foco de la problemática, sobre las dinámicas que constituyen un círculo vicioso y las condiciones del entorno, para que puedan ser mejoradas.

— Los grupos pequeños, diagnósticos o de inicio, generalmente en forma de grupos paralelos, de niños y de sus padres que se reúnen —entre 8 y 12 sesiones— a la misma hora en dos despachos diferentes con sus correspondientes terapeutas. La finalidad es ofrecer elementos terapéuticos a la vez que se amplia y se completa el diagnóstico y se precisa la orientación terapéutica posterior.

Unidad de asistencia inmediata a los adolescentes

Se trata de un modelo asistencial que tiene como marco de referencia algunas características específicas de la atención al adolescente. El equipo de esta unidad considera de suma importancia tener en cuenta para su trabajo una metodología basada en tres puntos principales:

1. Atención inmediata: quiere decir responder a la demanda en un término de entre 24 y 48 horas, ya que la espera puede agravar la sintomatología.

2. La entrevista: aunque el adolescente puede presentarse en la consulta de diversas formas, se considera prioritario recibirlo solo, sin la presencia del adulto acompañante. Este hecho puede favorecer la experiencia de privacidad, de respeto a la intimidad y la valoración de sus aspectos adultos y permite acercarse al mundo del paciente. La entrevista con los padres o sustitutos es imprescindible para la exploración de antecedentes patológicos y de aspectos evolutivos sanos, tanto del adolescente como de su entorno, e intentar definir en qué grado la conflictividad pertenece al adolescente y en qué grado a su entorno familiar y/o social, hecho que será un elemento clave en el proceso diagnóstico y en la propuesta terapéutica.

3. El encuadre: la asistencia al adolescente requiere investigar e inventar formas de acción terapéuticas acordadas con él, en las que el foco de trabajo propuesto señale claramente el punto donde se ha encallado su evolución y cuáles son los recursos que se pondrán en

marcha para salir de la situación conflictiva. El equipo puede atender con celeridad, establecer contacto con otros equipos externos o intrahospitalarios sin demasiada demora y poder poner en marcha acciones terapéuticas inmediatas, si el caso lo requiere.

Tratamientos individuales

1. Psicoterapia breve y focal: dirigida a niños y adolescentes que presentan síntomas de aparición reciente.
2. Psicoterapia a término abierto: su objetivo fundamental es la toma de contacto con el inconsciente.
3. Juego simbólico: dirigido a niños de primera infancia o escolares pequeños. Se trata de estimular la atención, la observación y la asociación de ideas.
4. Reeducación: intervención psicoterapéutica dirigida a niños que presentan trastornos de aprendizaje y de integración escolar.
5. Psicoterapia madre-niño: se dirige a los niños pequeños y a sus madres. El objetivo es mejorar la relación y la comunicación madre-hijo.
6. Psicoterapia de familia: tratamiento dirigido al grupo familiar cuando el foco del problema reside en la dinámica de la familia.

Tratamientos en grupo: grupos terapéuticos

Cuando la situación clínica lo hace recomendable se utilizan los tratamientos de grupo. Según el foco de trabajo y la técnica empleada, se distinguen: grupos psicoterapéuticos; grupos de comunicación; grupos reeducativos; grupos de juego (grupos taller y grupos de orientación a padres).

La consulta del psiquiatra infantil-psicoanalista

Sea cual sea el modo en que se plantee la cuestión de que el niño recurra al psiquiatra (escuela, médico, servicio social, amigos, etc.), los padres irán con él a ver al especialista. Contrariamente a lo que muchos creen, debido a la difusión del psicoanálisis, si van a ver a un psiquiatra a un hospital o a un psicólogo en un CSMIJ, o incluso en la ciudad, no siempre van a tener a un psicoanalista delante. De hecho, aunque el psicoanálisis sigue siendo un referente en la mayoría de los centros de tratamiento ambulatorio, este no es el caso en numerosos servicios hospitalarios de psiquiatría infantil. Aunque entre ellos se encuentren numerosos psicoanalistas, los psiquiatras infantiles tienen teóricamente otra función (principalmente diagnóstica) que recurre a otros métodos (pruebas médicas o test) distintos a los del psicoanálisis. Algunos se basan en corrientes de pensamiento contrarios a la búsqueda de causas psicológicas para los problemas afectivos, y a veces sucede que no mencionan este enfoque si los padres no lo piden. El inmenso poder de los laboratorios contribuye en gran medida a acreditar la existencia de medicamentos eficaces y prácticos que sería injusto no recetar a niños que están sufriendo. Esta presión, que los medios de comunicación acrecientan, prolonga el temor que inspira el psicoanálisis y la dificultad para los padres de cuestionarse a sí mismos. Sin embargo, algunos padres solo piden comprender la situación y en todo caso rechazan el principio de los psicótropos a esta edad tan temprana.[11]

Una vez se ha pedido cita, el encuentro ante el especialista no es fácil: sea cual sea la dificultad del niño, y aunque atendamos a razones, es difícil, como hemos visto, no sentirse angustiado y culpable. Los padres ya han hablado entre ellos, han intentado encontrar un remedio, y acudir a una tercera persona es una prueba del fracaso de ambos, fracaso que se añade al del niño. Y temen ser juzgados, cosa que nosotros, los especialistas, tendemos a olvidar. Si los padres vienen a la consulta es porque necesitan a un tercero, ya sea porque la célula familiar funciona demasiado bien (las relaciones afectivas son tales que han uniformizado todas las opiniones, incluso las del niño, que suele tener la misma opinión que sus padres) o porque, al contrario, las relaciones son tan conflictivas que piden auxilio al especialista. En estos casos, sucede a menudo que el niño se niega a venir, o que uno de los padres no viene porque es contrario a la consulta.

A todo ello se añade una dificultad complementaria: gran número de padres dudan o detestan hablar delante del niño de sus dificultades, por miedo a hundirle, a traumatizarlo con sus revelaciones, y no les gusta quejarse delante de un extraño. Todo esto debe superarse con suavidad y tacto: los padres pueden ir al especialista solos, antes o después del niño, al cual siempre se le explica el desarrollo de la consulta, el secreto médico, lo que vamos a decidir y por qué.

Último punto: el profesional al que se dirige la familia (es decir, los padres y el niño)[12] no siempre puede ocuparse del niño, porque no tiene horas para visitarlo inmediatamente, porque prefiere seguir con las visitas hasta que la indicación de tratamiento (psicoterapia o reeducación) esté clara o porque prefiere mandar al niño a un psicoterapeuta, mientras que él sigue ayudando a los padres.

Dicho esto, describiré el desarrollo de una primera entrevista con el psiquiatra infantil, tal y como yo la concibo y como cierto número de mis colegas practican con mayor o menor número de variantes, evidentemente, según la personalidad de cada uno.

---

11. El Prozac®, un antidepresivo, se receta actualmente a niños.
12. A diferencia de las consultas de terapia familiar, donde se recibe a los padres junto con todos los hijos.

☐ **Primer momento con los padres y el niño**

Tanto si debo hacer el seguimiento del niño como si no, me parece útil plantear ciertas preguntas a los padres, lo cual desdramatiza el ambiente, aporta información apasionante sobre la primera infancia y permite a los padres hablar, delante del niño, de lo que precedió a su nacimiento o les preocupó, antes de pasarle la palabra.

— No insisto demasiado en los motivos de la consulta: suelen ser contingentes y esconden otros motivos más profundos.

— Me informo sobre *los otros hijos*, fundamentales teniendo en cuenta la importancia de las reacciones de celos (pero no debemos tener prejuicios, ya que en ocasiones el nacimiento de un hermanito puede hacer feliz a un niño).

— Las circunstancias del *embarazo* de la madre son interesantes. Las amenazas de parto prematuro informan a veces más que las condiciones psicológicas, la mujer que se ha pasado tres meses acostada dice mucho de su paciencia y de su espera, sin hablar de los embarazos de riesgo, que rodean al futuro recién nacido de un halo de niño muy deseado, o de los embarazos conseguidos por fecundación asistida, que también indican un gran deseo consciente.

— *El parto*, a término o no, natural o no, dice mucho sobre los primeros trastornos orgánicos o psicológicos (el médico y la comadrona juegan un papel importante).

— *El periodo perinatal* es un periodo delicado para el psiquismo de la madre. Es el momento en el que nacen los fantasmas sobre la anormalidad («el médico no ha querido decirme nada»), incluso de transformación («cuando lo han traído de la incubadora no era el mismo»), etc.

— *Las condiciones alimentarias* son capitales desde el comienzo: en el anexo veremos que el 78,5 % de los niños que sufren fracaso escolar tuvieron trastornos desde su más tierna infancia (alimentación o sueño). La lactancia, su duración, los trastornos digestivos pueden traducir un malestar profundo, porque el bebé sólo tiene su cuerpo para reaccionar ante un malestar en la primera relación madre-hijo.[13] La anorexia o rechazo a la comida (relacionada a veces con la prematuridad) puede traducir por ejemplo el rechazo inconsciente de una madre profundamente deprimida. Los cólicos de los tres primeros meses responden al nerviosismo que la madre «pasa» al cuerpo del niño, y cesan si se le da el chupete. Regurgitación, vómitos, ruminación... la lista de trastornos que pueden afectar al niño dentro de la esfera orodigestiva es larga.

— *El sueño* pudo tardar mucho en instaurarse. El ritmo nictemeral normal, es decir, la sucesión vigilia-día, sueño-noche, se instala entre el primer y tercer mes. La mayoría de los padres y madres recuerdan en general cuándo su hijo les dejó dormir una noche completa. Los trastornos precoces del sueño no son normales y debe recurrirse al pediatra: trastornos que nos pueden parecer banales pueden traducir desórdenes graves. El insomnio en los primeros años suele deberse, normalmente, a la sobreprotección y a la ansiedad de los padres.

— *El desarrollo psicomotor,* salvo dificultad orgánica precoz o trastorno grave de la personalidad, siempre es de rigor. Una hipotonía y, naturalmente, una ausencia de sonrisa deben alertar rápidamente a los padres y al pediatra, y ser comunicados durante la entrevista posterior con el psiquiatra infantil. Hablemos, de paso, de la edad a la

---

13. Léon Kreisler, *Le Nouvel Enfant du désordre psychosomatique* (El nuevo hijo del desorden psicosomático), Privat, 1987.

que se le debe sentar en el orinal: es importante que las madres sepan que los niños no deben ponerse en el orinal antes de que anden y de que sepan subir y bajar escaleras. Antes, no estarán listos en el sentido neurológico.

El control de los esfínteres y de los músculos voluntarios debe ir a la par; de lo contrario, podemos fomentar la pasividad del niño.

— *Los antecedentes médicos y quirúrgicos*, ciertamente, informan sobre aspectos médicos, pero también sobre la separación precoz de la madre, los posibles traumas y el modo en que le contaron al niño lo que le pasaba. Aunque la operación de vegetaciones es frecuente y la amigdalectomía un poco menos, las paracentesis en el caso de otitis, la colocación de diábolos, etc., pueden revelar trastornos psicosomáticos precoces.

— *La enuresis* primaria, es decir, cuando el niño nunca ha controlado los esfínteres, a menudo ha planteado problemas de diagnóstico. Las pruebas practicadas generalmente salen normales. En muchas ocasiones se han probado tratamientos comportamentales o médicos (hormona antidiurética), incluso psicoterapéuticos, con diferente fortuna.

— *La encopresis* (imposibilidad de retener las heces después de un largo periodo de retención) es mucho menos frecuente. Puede traducir una obligación impuesta inconscientemente al niño, que reacciona de esta manera a su pesar. A veces, la retención puede tomar tales proporciones que debe intervenirse quirúrgicamente para evacuar el fecaloma (conglomerado de heces). En estos casos, traduce un sufrimiento psíquico grave.

— *La elección de los nombres* es sumamente evocadora de *la inversión* (término del psicoanálisis para indicar los deseos que pesan sobre un niño) por parte de los padres sobre el niño. Los niños y los adolescentes descubren entonces cantidad de cosas que precedieron a su nacimiento y que se traducen en la elección del nombre por parte del padre o de la madre. A la pregunta planteada a los padres «¿a quién se le ocurrió primero el nombre?», oigo respuestas tan variadas que no las podría resumir aquí.

— *El primer día de preescolar,* a través de los eventuales temores del niño, traduce la ansiedad de la separación o, al contrario, el placer de la primera socialización que en ocasiones ha empezado anteriormente con canguros o en la guardería.

Esta parte de la entrevista termina con la evocación siempre muy instructiva de los abuelos, tíos y tías, que sitúa el núcleo familiar en el marco más amplio de las diferentes generaciones. Ello permite identificar el entorno social, familiar, cultural y religioso del niño, lo cual tiene una importancia significativa. La entrevista profunda es muy importante, porque en esta primera visita puede haber dudas sobre la posible existencia de un factor orgánico y sobre la necesidad de realizar pruebas médicas.

> Hace algún tiempo, recibía un niño de unos doce años tratado por epilepsia y que, además de enormes dificultades escolares, presentaba una depresión impresionante. Ya había hecho psicoterapia y la madre venía más bien por los malos resultados escolares. No satisfecho por las respuestas que me dieron sobre el tratamiento de la epilepsia, decidí mandar a este niño a una unidad hospitalaria especializada en neurología. Las pruebas realizadas condujeron a un diagnóstico de epilepsia debida a una cicatriz cortical curable mediante neurocirugía. Una vez la operación realizada y la epilepsia curada, el niño recuperó la alegría de vivir, pero después necesitó ayuda en forma de reeducación psicopedagógica debido a sus dificultades escolares.

☐ La entrevista con el niño

Los padres se quedarían sorprendidos si vieran a su hijo solo con el psiquiatra, porque el niño al que le han explicado quién es ese «doctor que no pone inyecciones» y para qué sirve le ofrece una versión que no coincide necesariamente con la de los padres. Por ello, este tiempo de consulta es imprescindible y solo debe ocultarse en caso de auténtico rechazo. Este es el dilema principal en psiquiatría infantil: la persona que sufre es conducida por otra de la cual depende por completo. Así pues, es necesario que los padres se tomen en serio lo que expresa el niño, teniendo en cuenta que puede verbalizar mejor o peor su malestar y que en ocasiones lo niega.

Esto es lo que pasa, pues, cuando se deja a los padres en la sala de espera. Esta separación es necesaria y los padres la comprenden.

Aunque a primera vista pueda parecer un poco formal (el pediatra no hacía salir a la madre de la consulta), establece una zona de secreto, de prohibición de escuchar, que es imprescindible para el establecimiento y el seguimiento de la psicoterapia.

El niño sabe más o menos por qué está allí

A veces, el niño necesita ayuda, lo dice, comprende la necesidad de hablar. La indicación de psicoterapia no plantea casi dudas. En ocasiones, nos sorprende el modo en que el niño sabe a quién pedir ayuda, como los pacientes adultos. Cuando lo hace, dudar en responder a su demanda sería como negarla y fomentar la aparición de trastornos eventualmente graves.

> Olga, de 7 años y medio, está en segundo curso (adaptado) y viene con su madre porque está angustiada. Sus padres no se

llevan bien. La pequeña le dice a su madre: «No quiero que te divorcies». Cuando está sola conmigo, sin conocer nada de psicoterapia y viviendo en un entorno aparentemente muy alejado de estas preocupaciones, me dice con sus 7 años y medio: «Tengo un problema: debo comprender qué problema es, porque me impide hacer cosas. Me gustaría entenderlo».

En ocasiones, el niño expresa sobre todo un gran sufrimiento y piensa que hablar del tema lo aliviará.

> Germán, de 8 años y medio, está en tercero. El embarazo fue difícil: la madre tuvo una salpingitis bilateral (infección de las trompas) y permaneció acostada cinco meses en casa de sus padres. El parto fue complicado (hemorragia, fórceps). Germán tuvo una serie impresionante de enfermedades desde los 2 meses y medio, cuando sufrió una reacción alérgica en el momento del destete, y después espasmos del sollozo («desfallecía»). Con 5 años, presentó una infección grave; con 8, una infección de las vías urinarias por una malformación. Cuando lo visito, enseguida dice: «Vengo a hablar de mis ansiedades, explicarlas para dejar de tener miedo: hablar de todo tranquiliza». También hablará de otras cosas, de sus sueños, de sus temores, pero de entrada podemos decir que ha comprendido la esencia de la psicoterapia: no hay que esperar. Los padres son los beneficiarios.

A veces, hay que llevar más lejos la entrevista con el niño, porque quizás no sabe para qué viene o no entiende cómo se le puede ayudar. Se pueden utilizar los dibujos, que le permiten proyectar sus problemas, es decir, trasponerlos en el grafismo o en la historia que cuenta después.

Cuando la petición no puede formularse, se puede investigar preguntando sobre la actividad onírica. Los sueños son esenciales y traducen tanto en niños como en adultos la proximidad de cada cual con su inconsciente. Todas las respuestas son posibles: desde el olvido total de los sueños hasta el recuerdo completo, lo cual permite pensar que podremos dejar hablar al niño, pasando por el recuerdo incompleto que muestra que la represión (es decir, el olvido) no es demasiado potente ni interfiere demasiado en la asociación de ideas que vamos a solicitar.

También puede proponerse al niño un juego de rol en pareja. ¿De qué se trata? Se le pide que interprete un papel y nosotros interpretamos el que él nos diga. Lo más sencillo es hacerle interpretar el papel del psicólogo y nosotros el del niño. Esta técnica, cuando es aceptada, puede tener efectos milagrosos. En todo caso, permite al niño dominar una situación en la que suele ser pasivo, entender que este papel le permite hablar de él, ver que el psicólogo no es un adulto hostil sino alguien que no ha olvidado cómo hablan los niños.

> Amelia, de 10 años, está en sexto y teme no pasar a secundaria. No retiene lo que aprende. Sus padres están separados. Lo que le preocupa es la escuela y sus dificultades en fijar la atención. Le cuesta dormirse y no recuerda lo que sueña. Le propongo un juego de rol: yo soy un niño que siempre duda de las respuestas. En ese momento, sale del juego y grita: «¡Exactamente como yo!». Añade que es muy lenta, que odia la lectura, que se inventa historias (fantasías). Todo esto me indica que necesita una psicoterapia.

El niño está dispuesto a seguir una psicoterapia pero los padres no

Debe continuarse el trabajo de investigación con ellos explicándoles lo que hacemos y lo que pensamos. No hay más solución que esta muestra de sinceridad si queremos ayudar al niño. En ocasiones, es muy difícil hacérselo comprender.

Gabriel, de 10 años, no hace nada en la escuela. Me mira fijamente con sus ojos azules. Con un mes de vida, tenía convulsiones, motivo que le hizo estar hospitalizado una semana. Sus padres están divorciados y la separación es muy difícil. La suegra está en contra de la madre, a la que acusa delante del niño. El padre también acusa a la madre de llamar a escondidas, de no cumplir sus promesas. Ella espera otro hijo. Según el padre, la madre quiere hacerle creer que quiere recuperar a su hijo (lo abandonó). Siempre se tiene que estar controlando a Gabriel: en casa le ponen al lado de la suegra porque le tiene miedo. Es muy callado. Tiene la mirada inocente de los que tienen mucho que reprochar. Tiene problemas en la escuela, pesadillas, quiere que lo ayuden pero no sabe cómo. Está claro que no tiene la libertad de expresarse mientras el clima familiar no mejore. Sin embargo, necesita ayuda: en clase tiene un comportamiento provocador. Esta ayuda pasa en primer lugar por ayudar a los padres.

El niño no está preparado ni para pedir ni para aceptar el tratamiento

Deberán realizarse entrevistas durante un tiempo: pueden bastar para mejorar la situación o para afinar las indicaciones terapéuticas.

Flabia, de 4 años y medio, está en segundo curso de preescolar. Su madre fue madre soltera, y su padre la «recoge» cada quince días. Tiene dos hermanastras. La psicóloga escolar la recibió porque no habla mucho, ni con los adultos ni con los otros niños. El embarazo fue difícil (cuello abierto), y el parto también: tuvieron que poner a Flabia en la incubadora bajo vigilancia durante diez días (peligro cardiaco y respiratorio). Tenía una malformación cardiaca que se corrigió sola. De los 3 a los 6 meses, «no soportaba salir». Durante la visita, se mueve permanentemente, hurga en el bolso de su madre. «Siempre tienes que ingeniar artimañas», dice esta. El padre no tiene ningún problema, según él, pero confiesa que para tranquilizarla ha estado a punto de ser violento. Está deprimido y la madre también. Ambos serán atendidos.

En este caso también debe volverse a ver a los padres y al niño antes de implantar un tratamiento que requiera la adhesión y la participación de todos.

Los padres de Luis, de 8 años, en tercer curso, llevaron a su hijo al especialista cuando tenía 5 años. Temían que el accidente del padre, que lo obligó a ir durante cierto tiempo en silla de ruedas, hubiera tenido en él consecuencias psicológicas. Anteriormente, Luis no tuvo realmente problemas, aparte de una gran dificultad en separarse de su madre (cabe decir que ella está muy unida a su hijo pequeño y que no se lleva muy bien con su marido). A solas con él, me declara que sus padres «creen que tiene problemas porque ha cambiado de escuela». Dice que está bien, que duerme bien, que tiene amigos, va en bicicleta y le apasionan las motos y todo lo mecánico. Me dibuja encantado un taller de reparación de bicicletas cuyo jefe conoce. Lo vuelvo a ver con su madre para decirle que no sé muy bien qué hacer, porque Luis rechaza cualquier ayuda, con razón, porque no tiene nada. Entonces, para convencerme, la madre me describe una relación muy conflictiva con el padre, al que reprocha el hecho de ser demasiado severo. Decido pedirle ver al padre y me asegura que vendrá, a pesar de sus reticencias. Este me describe a su hijo como un niño «excitado constantemente», que solo va a la suya y que es capaz de ser adorable cuando quiere. Su mujer, según confiesa él mismo, intenta hacer de colchón entre ambos, pero no sigue demasiado sus consejos. Además, está convencida de que su hijo necesita un seguimiento. Me costará mucho convencer a estos padres de que por ahora no podemos hacer nada por su hijo, pero que podemos ofrecerles ayuda a ambos por los problemas educativos que viven. Sin embargo, no habrá nada que hacer: ambos se van furiosos.

Este tipo de reacción, afortunadamente menos extrema, es habitual. Seguramente muchos terapeutas principiantes hubieran decidido realizar igualmente el seguimiento al niño. ¿Hay que pasar por aquí para «ablandar» a los padres? No lo creo.

Por otra parte, la orientación[14] (ayuda directa a los padres) suele ser bien aceptada gracias al alivio que representa ayudar a quien más lo necesita.

Al final de la entrevista, el psiquiatra infantil indicará el modo de tratamiento previsto.

¿Reeducación o psicoterapia?

Muchos padres, que no diferencian la reeducación de la psicoterapia, piensan erróneamente que estos tratamientos pueden realizarse tanto en la escuela como en un centro. *La psicoterapia psicoanalítica aborda al niño en su globalidad y pasa ante todo por el lenguaje, mientras que la reeducación psicomotora u ortofónica busca tratar un síntoma muy concreto.* Una no excluye a la otra: un niño puede necesitar ambos métodos simultáneamente o sucesivamente.

Pero esta simplicidad solo es aparente, por lo que es importante que el especialista explique a los padres el tratamiento que considera más útil para el niño. De hecho, un mismo síntoma (por ejemplo, un retraso en el habla) puede ser abordado por uno u otro método, en función más del deseo de los padres o de la ideología del profesional que de las verdaderas necesidades del niño. El trabajo del asesor consiste justamente en detectar el verdadero síntoma para decidir qué ayuda aportar prioritariamente. A veces, es necesario explicarlo largo y tendido a los padres cuando

---
14. Véase el capítulo 6.

estos están convencidos de antemano del tipo de ayuda que necesita su hijo. Por ejemplo, si ellos también son tratados con psicoanálisis, pueden estar convencidos de que su adolescente debe seguir la misma terapia, o si les asusta la psicoterapia, entonces preferirán cualquier otro enfoque.

Además, la reeducación puede tener un aspecto terapéutico (cuando realmente corresponde a lo que necesita el niño) y parecer suficiente. Afortunadamente, la gran mayoría de los ortofonistas, por ejemplo, conocen sus límites y mandan al niño a un psiquiatra infantil cuando sus síntomas superan el marco de la reeducación.

4
Métodos orientados ante todo a reducir el síntoma

Estos métodos se agrupan en dos categorías: medicamentos y reeducación. Pueden ser útiles en casos muy concretos o asociarse con una psicoterapia en ciertas condiciones, pero también conllevan riesgos que no debemos ni minimizar ni exagerar. En este ámbito, sin embargo, la objetividad es casi imposible porque la ideología juega un papel importante y puede reducir las dificultades del niño de manera simplista. Citaré únicamente dos de estas ideologías reductoras: la ideología médica o la ideología readaptadora.

La ideología médica busca en todo trastorno una causa orgánica constitucional (la herencia) o adquirida, una lesión visible y un tratamiento científico (cirugía o medicamento), lo cual es perfectamente válido en medicina. Dada la rareza de tales trastornos en el ámbito de la psicología infantil, ciertos profesionales rechazan el hecho psíquico y hablan de supuestos trastornos orgánicos abusando del lenguaje: así, se habla de causas físicas en el TOC (trastorno obsesivo-compulsivo) o en la hiperquinesia (inestabilidad psicomotora), sin ninguna «prueba» científica pero tratándolos según un modelo médico.

Por otro lado, la ideología readaptadora ha reducido el autismo, que tiene causas variadas (algunas hereditarias o psicológicas), a una minusvalía que requiere una escolaridad y una reeducación apropiadas, descuidando el sufrimiento psíquico más que probable en esta afección. Ciertamente, la minusvalía es innegable y se necesitan estructuras adaptadas a este tipo de niños, pero la ideología readaptadora negará cualquier enfoque psicológico profundo. He aquí un ejemplo en el que la ideología médica rige el tratamiento y, de repente, desprecia la participación del sujeto:

> Miguel fue hospitalizado por TOC en una unidad que rechaza en primer lugar los trastornos bajo el ángulo del inconsciente. Le proponen una terapia cognitiva y comportamental (véase la pág. 90) y un tratamiento antidepresivo específico para estos trastornos según su eficacia estadística. A pesar de este doble enfoque, Miguel no mejora y se deprime paradójicamente. De hecho, en el fondo de sí mismo sabe, sin querer reconocerlo y aún menos confesarlo a los médicos, cómo empezó todo: después de su primera masturbación. Pregunta a sus médicos si «él tiene algo que ver» en su enfermedad. «Nada, en absoluto, es un trastorno orgánico de origen hereditario», le responden. Miguel se resiste al tratamiento orientado a reducir sus síntomas a través de medicamentos y reeducación. Posteriormente, deciden hacerle pruebas y descubren algunos signos *(sic)* de psicosis. Después, siguiendo con la misma lógica «médica», le dan neurolépticos, potentes medicamentos antipsicóticos. Miguel intenta suicidarse y se le envía a un internado terapéutico donde se emplean los mismos métodos. Miguel no soporta la separación de sus padres y estos lo sacan para ingresarlo en un hospital de día. En este punto, me plantea la misma pregunta que a sus médicos: «¿Tengo yo algo que ver en mi enfermedad?». Yo le respondo: «Quizá no en tu enfermedad, pero seguro que sí en tu curación». Decido realizar con él un psicodrama individual en el que recrearemos juntos los acontecimientos que lo han marcado. Interpretando estas escenas, intentamos recrear su «espíritu» en función de lo que nos dice y del modo en que lo dice. En pocas palabras, interpretamos pero manteniéndonos en nuestro papel. Este psicodrama permite a Miguel comprender lo que sucede

cuando no puede levantarse para ir a clase, cuando se pelea con su hermana o cuando no puede separarse de sus padres. Entonces se da cuenta de que su palabra cuenta y puede tomar conciencia hablando simplemente con alguien sin pasar por este juego. Entonces inicia un psicoanálisis que durará varios años, pero que finalmente le permitirá vivir su crisis de adolescencia, es decir, distanciarse de su familia y ser él mismo. Ciertamente, en este análisis hubo altibajos, pero era el único tratamiento que podía acabar de raíz con una especie de herencia psicológica responsable de la repetición de sus esquemas patológicos.

Este caso ilustra los inconvenientes de un tipo de tratamiento que solo se preocupa por el síntoma (en este caso, el TOC), mediante medicamentos y terapia cognitiva y comportamental, que es una forma de reeducación, como veremos. Sin embargo, esto no resume los problemas de la prescripción de medicamentos que, en este caso, prosiguió bastante tiempo después de la verdadera asistencia psicológica. Estos dos aspectos de la prescripción son totalmente antinómicos: en el primer caso, el medicamento aparece como la única respuesta que se encuentra en el origen de los trastornos, y esta respuesta es la organicidad; en el segundo, el medicamento es solo un adyuvante al tratamiento, fundamentalmente psicoterapéutico, debido al origen psicogenético de los trastornos.

Los medicamentos en psiquiatría infantil

Mucha gente desconoce que los medicamentos llamados psicótropos solo son eficaces si el paciente (en este caso, el niño) los acepta psicológicamente. Si, por ejemplo, inyectamos un tranquilizante a un sujeto excitado y nervioso sin haberle hablado y, en especial, sin haberle explicado que este medicamento le calmará, no solo la acción será ineficaz, sino que podrá producir el efecto contrario: el enfermo se pondrá todavía más nervioso. El profesor Maurice Berger, psiquiatra infantil y psicoanalista,[15] afirma incluso que una prescripción de neurolépticos (medicamento contra las alucinaciones y el delirio) a grandes dosis «puede resultar brutalmente ineficaz si aparece un desacuerdo entre la familia y el profesional». Esto indica hasta qué punto el psiquismo (consciente e inconsciente) domina el cerebro y sus neuronas, y no a la inversa. Además, los especialistas en toxicomanía aportan una «prueba» complementaria, por si fuera necesaria: lo que hace al drogadicto no es la molécula (heroína, cocaína) sino su estructura mental que le hace buscar la droga que necesita.

Por lo tanto, no se trata de negar el interés y la utilidad de ciertas prescripciones, de hecho poco habituales en psiquiatría infantil, sino de definir con los padres los límites estrictos cuando son realmente útiles. Actualmente, sin embargo, se producen abusos escandalosos. Algunos profesores, exasperados por el nerviosismo de un niño, por ejemplo, exigen a los padres que le lleven al neuropediatra[16] para que le recete un medicamento. Ciertas unidades hospitalarias preconizan a gran escala tratamientos basados en el modelo médico y algunos padres, extenuados por la excitación de su hijo e impresionados por algún programa de televisión sobre una «nueva» enfermedad, la «hiperquinesia», y su tratamiento con medicamentos, se ven tentados a consultar a estos famosos neuropediatras, sobre todo si las visitas o los tratamientos psicológicos han

---

15. En *Neuropsychiatrie de l'enfance et de l'adolescence* (Neuropsiquiatría de la infancia y de la adolescencia), 2001, n.º 49.
16. Solo los médicos hospitalarios están autorizados a realizar una primera prescripción de anfetaminas en caso de hiperquinesia.

resultado ineficaces. Pero aunque los medicamentos hayan constituido ciertamente un claro progreso, preconizarlos sistemáticamente como único recurso es ideológico. Antes de dejar que se los receten a su hijo, los padres deberían preocuparse en conocer *los inconvenientes de los medicamentos, sus indicaciones precisas y las modalidades de prescripción.*

☐ Tratamientos que presentan inconvenientes para el niño

El descubrimiento de los medicamentos que actúan en el cerebro es relativamente reciente: el primer neuroléptico,[17] la clorapromazina (Largactil®), se introdujo en las unidades de psiquiatría en 1952. Desde entonces, la industria farmacéutica se ha desarrollado mucho, tanto en lo que se refiere a neurolépticos como a tranquilizantes, antidepresivos o hipnóticos. Su administración en niños, más reciente, se generalizó primero en Estados Unidos, después de que se dieran cuenta de que un medicamento anfetamínico (excitante) tenía como efecto paradójico calmar a los niños cuyo nerviosismo provocaba un trastorno importante de la atención. Entonces, esta prescripción se extendió, pero con tantos inconvenientes que fueron prohibidos por la potente administración americana (Food and Drug Administration). Desde entonces, la prescripción de antidepresivos en niños ha tenido la misma suerte. En España también se ha limitado mucho su uso y se ha reducido su administración al marco hospitalario, sin autorizar su comercialización en el mercado. Solo los prescriben (correctamente) algunos psiquiatras infantiles en las condiciones que indicaré más adelante. Aparte de una toxicidad marcada por los efectos

---

17. Medicamento antipsicótico que actúa sobre el delirio y las alucinaciones.

secundarios a largo plazo, el consumo de psicótropos puede ser nocivo en ciertas condiciones:

— *Empeoramiento del síntoma:* cuando sustituye a la comprensión psicológica, la prescripción centrada exclusivamente en el síntoma puede incrementarlo paradójicamente.

Entonces, es necesario aumentar las dosis, como si el sujeto rechazara ser incomprendido y se resistiera al medicamento.

— *Disminución de la eficacia:* en una prescripción a largo plazo, su efecto disminuirá fatalmente debido al efecto de escape ya mencionado. Así, he visto cómo niños hiperactivos tratados durante muchos años con anfetaminas se convertían en adolescentes que seguían siendo muy movidos y cuyo problema permanecía sin resolver.

— *Cronicidad:* la prescripción demasiado rápida de medicamentos no tiene en cuenta la plasticidad de los trastornos del niño y puede perpetuarlos. Esto es especialmente así en el caso del insomnio: el niño se acostumbra a su hipnótico como si fuera una droga y después no puede prescindir de él.

— *Pasividad:* esta dependencia oral regresiva inducida por el tratamiento va en contra de la participación activa del niño en su curación, si no va acompañada de una verdadera psicoterapia, aún más cuando el niño no es realmente libre de aceptar o de rechazar esta medicación.

— *Chivo expiatorio:* como sabemos, el trastorno del niño no es algo aislado en la familia. Todo el mundo participa en mayor o menor medida. Dar medicamentos al niño puede acabar marcándole como el único responsable y como un enfermo.

◻ **Indicaciones: excepciones necesarias**

Cuando el síntoma del niño es tan intenso que impide realizar una psicoterapia, aunque este la desee, o cuando la convierte en ilusoria por lo mucho que sufre, puede ser necesario prescribir un medicamento o prever su hospitalización. Paradójicamente, esto obliga al médico a transgredir la prohibición de prescribir a los niños ciertas sustancias, pero lo hace siendo plenamente consciente.

> Recuerdo que una vez tuve a un niño movido que no podía permanecer sentado en la silla de mi despacho. Su madre estaba desbordada, pero cooperaba. Ella me explicó cómo el asesinato de su hermano por un ajuste de cuentas había alterado su vida. Su hijo le recordaba a este hermano que tanto adoraba. El niño venía con regularidad, y todas mis técnicas (dibujo, plastilina, juego de rol, entrevistas con los padres) resultaban ineficaces. Al cabo de varios meses, decidí prescribirle un antidepresivo tricíclico reservado para adultos, pero a una dosis baja. Un mes después (estas personas vivían fuera de la ciudad) el niño era otro: estaba tranquilo y trabajaba en clase. Ciertamente, podemos preguntarnos si no hubiéramos tenido que hacerlo antes, pero creo que el trabajo psicológico previo preparó el terreno para esta curación espectacular. En este caso, se trataba de un nerviosismo relacionado con una depresión, ligada a su vez con la depresión materna.

Las indicaciones para la prescripción de medicamentos en niños pueden resumirse así:

— *Las alucinaciones psicóticas,* siempre y cuando sean debidamente diagnosticadas por un psiquiatra infantil, son evidentemente una indicación de neurolépticos, los cuales alivian mucho al joven paciente sin efectos secundarios.

— *Las crisis de ansiedad importantes,* aparentemente «inexplicables», con la condición de efectuar un trabajo con la familia, si todavía no es posible realizarlo con el niño.

— *Los TOC* insuperables, siempre y cuando se hayan descartado otros métodos.

Me envían a un chico de 12 años para una hospitalización. David está en un estado de ansiedad indescriptible. No puede dormir. Ir a la escuela es una pesadilla, porque se obliga a realizar un número de ritos increíbles. Cuando se fuerza a ir, no puede escribir y rompe en lágrimas delante de sus compañeros. En pocas palabras, se trata de un cuadro de TOC severo. Pero en lugar de insistir en una hospitalización que él rechaza, y gracias a la cooperación de los padres, decido seguirle cuatro veces por semana en los diferentes psicodramas semanales que realizo. Sin embargo, a pesar del cambio de equipo que ello supone, David mejora progresivamente en algunas semanas, hasta reclamar una atención individual. En ese momento, desarrolla una auténtica depresión, llora con grandes sollozos durante todas las sesiones hasta que entiendo que ha abandonado todos los TOC. Parece ser, pues, que estos escondían una depresión, cuya causa queda rápidamente identificada entre los dos. David volvió a la escuela y no perdió el curso, evitó la hospitalización y no tomó medicamentos.

Este caso es un mero ejemplo, pero los casos de este tipo son los que nos llevan a no conformarnos con las soluciones más fáciles. Actualmente, sin embargo, es habitual prescribir un antidepresivo en caso de TOC, pero la prueba de su eficacia, a mi parecer, todavía queda por ver.

— *Una depresión importante:* tanto si está oculta (caso de David) como si es manifiesta, puede ser una indicación para recetar nuevas clases de antidepresivos sin efectos secundarios.

Hay casos, sin embargo, en los que los psicótropos están contraindicados, como por ejemplo los hipnóticos en los insomnios graves y rebeldes. El profesor Berger[18] explica que en estos casos los tranquilizantes son más eficaces. Cabe

---

18. *Op. cit.*

añadir que los hipnóticos conllevan riesgos de adicción y que los trastornos del sueño suelen ser muy variables en el tiempo y sensibles al entorno familiar.

El problema de las anfetaminas en la hiperquinesia es demasiado complejo para tratarlo aquí. Por mi parte, aunque pienso que un tratamiento puntual está contraindicado, nunca me inclino de entrada por una psicoterapia cuando el diagnóstico está claro. En cambio, examino con los padres cómo abordan los problemas educativos. De hecho, he observado que prácticamente en todos los casos el trastorno del niño «responde» a una incoherencia educativa a menudo inconsciente y en todo caso tácita entre el padre y la madre. Una vez realizado este trabajo en forma de orientación si es necesario (véase el capítulo 6), y si el nerviosismo hace sufrir al niño, prescribo un tratamiento psicoterapéutico que normalmente consiste en un psicodrama individual.

Los neuropediatras sostienen que la verdadera hiperquinesia (llamada TDA-H, trastorno por déficit de atención con hiperactividad) no se debe a una disfunción parental, sino a una hipoestimulación de la corteza frontal visible por resonancia magnética,[19] por lo que recibe un tratamiento con un medicamento psicoestimulante. Solamente esta forma orgánica justifica el diagnóstico de TDA-H pero, aparte de que esta forma no difiera prácticamente de las demás clínicamente, dudo que estos médicos hagan pasar a sus pequeños pacientes por escáner y resonancia magnética antes de recetarles Ritaline®. Dicho esto, las terapias comportamentales que se prescriben paralelamente al medicamento presentan varios beneficios para el niño y para sus padres, entre los cuales

---

[19]. Dr. Frédéric Kochman, *Mieux vivre avec... un enfant hiperkinétique* (Vivir mejor con un niño hiperquinésico), Éd. Arnaud Franel, 2003.

está el hecho de dejar de sentirse culpables. Hablaré de ello más adelante.

□ Modalidades de prescripción

La prescripción de medicamentos debe obedecer a ciertas reglas si queremos evitar que impida o interfiera en la psicoterapia:

— *Presentación:* el medicamento debe presentarse como un adyuvante y no como una panacea, y debe ir seguido de un verdadero trabajo en la consulta en el cual se analicen las múltiples dimensiones del síntoma que presenta el niño.

— Es deseable que *el prescriptor* no sea el terapeuta por razones de interferencias: el niño o el adolescente puede ocultar ciertos síntomas si teme que le den más medicamentos, por ejemplo.

Es fácil cuando el asesor prescribe pero no realiza la terapia, y más complicado si es asesor y terapeuta a la vez.

— Es mejor prescribir un solo medicamento a la vez (profesor Berger). De hecho, cualquier prescripción se realiza para y con la persona que sufre. Esta debe saber a qué síntoma está orientado el medicamento e intentar medir sus efectos. ¿Cómo podrá hacerlo si se le recetan al mismo tiempo dos medicamentos con objetivos difícilmente aislables?

— *Un tratamiento evolutivo:* el tratamiento con medicamentos está destinado ante todo a permitir la terapia. Sus dosis deben adaptarse en función de la evolución de la misma e incluso ir un poco por debajo de su umbral de eficacia para permitir al sujeto notar los efectos benéficos de la psicoterapia.

El caso de Gregorio ilustra claramente estos problemas. A los 13 años fue tratado por un psiquiatra infantil por su enorme dificultad en separarse de sus padres. Este llegó a prescribirle un internamiento, pero dejar a los padres los domingos por la tarde era cada vez más difícil. La última vez, Gregorio abrió la puerta del coche y se tiró al vacío, aunque afortunadamente no sufrió daños físicos. Entonces lo hospitalizaron en psiquiatría infantil, donde todo iba bien, y los médicos indicaron un psicodrama individual aceptado por el niño. Gregorio salió al cabo de tres meses del hospital. El psiquiatra infantil añadió al tratamiento antidepresivo un neuroléptico, medicamento destinado a curar los trastornos psicóticos. Cabe decir que estos nuevos neurolépticos de los que he hablado no tienen los efectos secundarios tan importantes de los primeros, y ahora se prescriben a adolescentes no psicóticos, que es el caso de Gregorio. El psicodrama va bien, sin ningún conflicto y, en especial, sin ansiedades. Sin embargo, la ansiedad es (o era) el principal síntoma de Gregorio. Cuando la ansiedad provoca pánico, es intolerable y requiere un medicamento. Los signos de ansiedad «normal» tienen la función de indicar al paciente lo que le da miedo y le ayudan a reflexionar sobre las maneras de luchar contra este miedo. El psicodrama crea situaciones ansiógenas por definición, ya que se supone que son las causantes de los síntomas, lo cual ayuda finalmente a comprenderlas. Sin ansiedad, Gregorio puede interpretar cualquier escena con todos los significados posibles, excepto el de indicar precisamente lo que le angustia.

Tratamientos psicológicos no psicoanalíticos

Estas técnicas tienen un punto en común: todas están orientadas a reducir el síntoma. Pero también pueden ir asociadas a otros tratamientos y combinarse de manera frecuente y habitual. Así:

— Las terapias comportamentales y cognitivistas (TCC) van asociadas casi siempre a un tratamiento con medicamentos: antidepresivo en los TOC, psicoestimulante en la hiperquinesia, por ejemplo.

— Las reeducaciones ortofónica y psicomotora pueden ir asociadas a TCC o, al contrario (el concepto es muy diferente, como veremos), a una psicoterapia psicoanalítica o a visitas terapéuticas.

— Las psicoterapias no psicoanalíticas pueden asociarse a medicamentos o a una reeducación de manera no sistemática.

□ Terapias comportamentales y cognitivistas

Aunque reconozcan su dependencia de ancestros como P. Janet y J. Pavlov, las TCC experimentan un desarrollo reciente importado de Estados Unidos, a menudo para responder contra las teorías psicoanalíticas. Uno de los fundadores de la terapia cognitivista, A. T. Beck, ante todo psicoanalista, estudió estadísticamente los fenómenos depresivos para concluir que, según él, el modelo psicoanalítico no era adecuado porque la depresión no es resultado de una agresividad dirigida hacia uno mismo. Para él, la terapia está orientada hacia el comportamiento, pero este no está relacionado con el cognitivismo (de *cognición*: saber), con lo cual la terapia tiende a modificar los pensamientos de los sistemas de creencia consciente e inconsciente del sujeto.[20]

Para los cognitivistas, el comportamiento, en el sentido de las secuencias comportamentales, no se concibe como señal o síntoma de un estado subyacente, sino como un trastorno auténtico. Sin embargo, prácticamente, el terapeuta es directivo, solo se preocupa del consciente para rectificar los modos de pensamiento habituales pero patológicos que se

---

20. J. Cottreaux, *Les Thérapies comportamentales et cognitives* (Las terapias comportamentales y cognitivas), París, Masson, 2001.

manifiestan en forma de «postulados silenciosos». Por ejemplo, «debo triunfar en todo y siempre» o «debo ser querido en todo y siempre por todo el mundo»[21] genera comportamientos anormales y repetitivos.

Las teorías básicas derivan del condicionamiento tal y como lo inventó Pavlov. En este sentido, se cita la experiencia (cuanto menos discutible a nivel ético) del pequeño Albert, al que se logró «condicionar a tener una reacción de miedo ante la representación de una rata blanca inofensiva, asociando su aparición con un ruido violento».[22]

El condicionamiento operante, más elaborado, consiste en propiciar el aprendizaje de un comportamiento favoreciendo la respuesta que conduce a la finalidad buscada. Al lado de este aprendizaje a través del condicionamiento, figura en buen lugar la imitación, mucho más operante cuando pasa por la expresión verbal.

Fobias, ataques de pánico, obsesiones-compulsiones (TOC), ansiedad generalizada, depresión... pueden beneficiarse así de un tratamiento directivo (el análisis funcional delimita todos los componentes del trastorno), experimental (el terapeuta se convierte en un aliado del paciente), caluroso (a diferencia de los psicoanálisis clásicamente «neutros y benévolos»), y dan un papel activo al paciente, el cual cuestiona el presente «sin olvidar el pasado», pero sin tener voluntariamente en cuenta la transferencia (sentimientos positivos o negativos hacia el terapeuta), que se mantiene al margen. En psiquiatría infantil, este tipo de tratamiento tiene la ventaja de no hacer sentir culpables a los padres relacionando los trastornos con cierta organicidad y asociándolos en particular con el tratamiento (mientras que el psicoanalista sólo trata a su pequeño

---

21. *Op. cit.*, pág. 50.
22. *Op. cit.*, pág. 24.

paciente y remite eventualmente a los padres a otro terapeuta para orientarlos). Además, el terapeuta, gracias a los cuestionarios, evita al paciente tener que hablar de él y, lejos de permanecer en silencio (lo cual podría reconfortar al niño en su culpabilidad inconsciente), restaura su autoestima y hace que vuelva a confiar en sí mismo, diciéndole que no es el único que tiene estos problemas. Además, le da tareas concretas para realizar con gratificaciones simbólicas, con la ayuda permanente de los padres llamados a ser auténticos «coterapeutas», igual que el maestro. Finalmente, ayuda al niño a no sentirse culpable y a controlar sus emociones. Para ello, se basará en técnicas diferentes, como el juego de rol o la relajación.

Esta psicoterapia activa, como vemos, defiende lo contrario de un psicoanálisis de adultos aplicado abusivamente en niños. Además, utiliza técnicas resultantes o cercanas al psicoanálisis (juego de rol cercano al psicodrama o relajación de Schultz). Ello explica seguramente su éxito actual, pero no debemos olvidar que el psicoanálisis, en especial en lo que se refiere a la depresión, utiliza el cognitivismo sin saberlo y que las técnicas llamadas comportamentales no existirían si el psicoanálisis no hubiera desvelado el carácter repetitivo inconsciente de los comportamientos patológicos. Todos los métodos, incluida la psicoterapia, apuntan a reducir el síntoma. Simplemente, la técnica utilizada difiere según si se aspira solamente a la desaparición del síntoma o no.

□ Reeducaciones

La reeducación psicomotora

El niño nace con un sistema nervioso inmaduro: su motricidad es limitada, así como su expresión; por ello el aprendizaje ocupa un lugar tan importante para estos pequeños seres. Este aprendizaje, asunto de mucha paciencia, pasa por la mirada y la voz del otro. Así, el niño normal nace de entrada con cierto tono y unos reflejos llamados arcaicos porque desaparecerán rápidamente con el crecimiento. Tomemos el ejemplo del agarre: seguro que todos hemos comprobado que, al poner el dedo en la palma de un bebé, este cierra la mano enseguida; este gesto no es nada voluntario: es el llamado reflejo de agarre. Poco a poco, el niño abandonará este reflejo y lo sustituirá por una sujeción voluntaria cada vez más fina que, ayudada por la mirada, se ejercerá sobre los objetos que después distinguirá como extraños, que se llevará a la boca, que buscará detrás de un cojín, etc. Es evidente que la afectividad, gracias a la mirada, a la sonrisa, a la palabra, está íntimamente relacionada con este aprendizaje.

Un ejemplo de esta relación entre motricidad y afectividad es el del estadio del espejo, en el cual el niño se reconoce en un espejo por primera vez. Este estadio requiere de hecho una madurez neurológica evidente, pero también la ayuda de un adulto, de la madre en particular, que asentirá con una gran sonrisa ante el descubrimiento del niño. Asimismo, es evidente que el reconocimiento por parte del niño de su imagen no se produciría si anteriormente los padres no le hubieran considerado como una persona de pleno derecho. Desgraciadamente, esta carencia es la que se observa en ciertos casos de psicosis grave.

Así, vemos cuán intrincada está la psicomotricidad en el desarrollo afectivo y el lugar simbólico del niño en su familia. El amplio campo de la motricidad implica tanto el esquema corporal[23] como la orientación en el tiempo y en

---

23. Corresponde a la vez a una noción neurológica (la representación cerebral integrada del cuerpo) y a una noción psicológica (la imagen inconsciente del cuerpo).

el espacio. Ello permite comprender todas las alteraciones posibles: falta de equilibrio, de tono, de inhibición, o incluso hiperactividad, mala lateralización, desorientación temporal y espacial, etc.

Para diagnosticar estos trastornos, el especialista en psicomotricidad procede a cierto número de test. La reeducación se basa en ejercicios propuestos y controlados por el experto. Puede consistir, por ejemplo, en coger una pelota de puntillas para que el equilibrio sea más difícil y mejorarlo, o en favorecer el autocontrol caminando al ritmo de una melodía, tomar conciencia de la estructuración temporal mediante ejercicios de memorización, etc. Estos ejercicios, muy variados, reposan en la adquisición de una habilidad, el aprendizaje, las ganas de hacer bien las cosas y de complacer a los adultos. Requieren cierta madurez y, sobre todo, tener la mente suficientemente disponible para concentrarse en el ejercicio. Ciertamente, el rehabilitador adapta su técnica en función de la alteración de los niños que le confían, pero la reeducación se ejerce mejor cuando se trata de un trabajo en equipo, en el marco pluridisciplinario de un centro médico psicopedagógico, por ejemplo.

La reeducación ortofónica

Establezco los trastornos en el orden cronológico en el que pueden aparecer:[24]

Se habla de *retraso del habla* a partir de los 3 años, lo cual es lógico. ¿En qué consiste? El niño habla una jerga incomprensible, ya sea porque oyó mal en el periodo en el que aprendió a hablar (y naturalmente hay que pedir una revisión al otorrinolaringólogo) o porque ha cogido malas

---

24. Agradezco a Martine Amiraux y a Claire Jomier sus valiosas indicaciones.

costumbres, por ejemplo porque los miembros de la familia, de manera bienintencionada, siempre le han hablado como a un bebé. En estos casos, la reeducación suele ser una verdadera formación, que debe ir acompañada de una orientación y un acompañamiento de los padres.

El retraso del lenguaje no puede hacerse patente hasta los 5 años. El niño no sabe conjugar, no tiene gramática: no utiliza los pronombres y, en particular, no dice «yo». Además, suele observarse una desorientación en el tiempo y en el espacio: el niño no se hace una idea de los días ni de los meses, confunde a menudo las generaciones y es incapaz de distinguir los lugares. Le cuesta que los demás le entiendan, lo cual complica su integración. La reeducación se realiza a partir de juegos y de lecturas para sensibilizarle a una mejor comunicación.

Es fácil entender que, en los dos primeros trastornos, los factores psicológicos son importantes y pueden imponer su tratamiento antes de realizar la reeducación. Podemos decir lo mismo del trastorno de la articulación, limitado a una dificultad en pronunciar un mismo sonido y que solo necesita una reeducación que puede realizarse a través de instrumentos, como la guía para la lengua, o de ayuda manual para empujar las mejillas para «hacer una chimenea».

Aunque los retrasos del habla o del lenguaje pueden aparecer aislados, suelen estar asociados con o provocar una dislexia-disortografía.

La dislexia puede aparecer aislada, pero es poco habitual. Se trata de un trastorno de aprendizaje de la lectura relacionado con los métodos global o semiglobal. Se detecta, pues, a partir de primer curso de primaria. La reeducación consiste en volver a pasar por el método analítico (el b.a.-ba) porque el niño no ha comprendido que la palabra es una entidad: oye un magma indistinto y, si lee, no lo comprende.

La disortografía suele ir detrás, pero puede estar aislada. Se trata a la vez de confusiones de significado, de falta de integración de las reglas gramaticales, de inversión de las letras, de confusiones gráficas (*b* y *g*). Suelen añadírsele dificultades de orientación espaciotemporal. La reeducación pasa por la repetición de pequeños ejercicios de discriminación auditiva y visual. Los niños que la sufren son incapaces de releerse.

El campo de la ortofonía, que va desde las sorderas (que, gracias a ella, ya no son sordomudeces) a las dificultades escolares, pasando por los trastornos de la deglución, es sumamente amplio. De nuevo, el trabajo de reeducación sólo puede cumplir su función si se integra en la asistencia global por parte de un equipo, aunque solo sea porque también es necesario ayudar a los padres.

□ **Psicoterapias que no recurren al psicoanálisis**

«Psicoterapia» no significa otra cosa que curar el psiquismo, sea cual sea el método elegido; así, todo puede ser psicoterapia, desde un buen consejo del médico hasta sesiones de talasoterapia. Existen varias formas de psicoterapia, muy alejadas de la psiquiatría infantil, que sus adeptos reivindican como universales. En cuanto al niño, la adhesión de los padres a una teoría de asistencia psíquica los lleva naturalmente a aceptar esta ayuda como una prolongación de su acción educativa, mientras que el psicoanálisis se vive más bien como un cuestionamiento de esta acción. Ello explica cierto entusiasmo hacia terapias que seducen por los aspectos positivos de sus métodos: siempre nos gusta oír hablar de nosotros, en general para bien, tener a alguien que nos escuche y se ocupe de nosotros. De ahí la dificultad que tiene el paciente en distanciarse y en juzgar la calidad del terapeuta al que se ha dirigido.

Pero, de nuevo, es conveniente hacer una distinción: algunas de estas terapias no analíticas reconocen algunas indicaciones concretas, con una ambición limitada a ciertos campos, y son practicadas por profesionales de sólida formación, como el método Vittoz, el sueño en vigilia dirigido o la gestión mental de Antoine de la Garanderie.

El método Vittoz

Es una forma de reeducación llamada incluso «gimnasia cerebral», en la medida en que busca, por sugestión, «restablecer el funcionamiento equilibrado del cerebro» en personas estresadas, insomnes o simplemente nerviosas. Los trastornos de la concentración y de la memoria se tratan mediante ejercicios de reeducación de la receptividad, de concentración y de eliminación (esta última, según Vittoz, difiere de la represión)[25]. Es un método que tiene su eficacia, pero también límites evidentes: el pequeño paciente es invitado a controlarse. Ciertamente, lo hace con la ayuda del terapeuta, pero en ciertos sujetos que se «defienden» (contra los afectos, la novedad, las relaciones...) intentando controlarlo todo (las emociones, la verbalización, etc.) este método puede reforzar la inhibición en lugar de liberar al niño.

El sueño en vigilia

Este método establecido por Robert Desoille se acerca bastante al juego de rol. El terapeuta, dirigiendo primero al

---

25. Cabe recordar que la represión es una noción psicoanalítica que describe un modo de defensa contra los afectos desagradables a través del olvido.

paciente y después dejándolo libre, le propone imaginar situaciones. El sueño en vigilia le permite imaginar soluciones a situaciones aparentemente sin salida, y comprender con ayuda del terapeuta la manera en la que reaccionará ante los conflictos. Algunos psicoanalistas también practican el sueño en vigilia.

La gestión mental

Como el método Vittoz, aspira a reeducar las actitudes con respecto a la adquisición de conocimientos. Es un método de reeducación para intentar frenar los mecanismos de inhibición escolar inventado por el pedagogo Antoine de la Garanderie. Aquel se esmera en identificar el modo de comprensión de la mente. Distingue diferentes maneras en que el niño accede a la información: los niños «auditivos» memorizan explicándose las imágenes con palabras, registrando mentalmente el texto; los «visuales» las memorizan volviéndolas a ver, «fotografían» mentalmente los textos y los documentos para memorizarlos. En general, utilizamos un poco ambos modos, y los maestros apuestan en principio por los dos, pero cuando uno domina realmente por encima del otro puede aparecer una dificultad de asimilación de los conocimientos transmitidos sobre todo del otro modo. De hecho, como la información no se transmite en un modo asimilable, el niño no sigue. El método consiste, pues, en ayudarlo a identificar su modo de razonamiento para que comprenda sus errores y aprenda a escuchar de la manera más eficaz posible. La reeducación consiste en enseñarle a identificar la forma en que él funciona para «gestionar mentalmente» su manera de adquirir los saberes y anticipar la tarea que debe realizar con relación a su finalidad.

La grafoterapia

Es una forma de relajación inspirada en varios métodos, entre ellos el psicoanálisis, destinada a curar las contracciones bruscas e involuntarias de algunos niños que provocan una disgrafía relacionada en ocasiones con la dislexia. Esta se manifiesta después del aprendizaje de la lectura o al inicio de la adolescencia. Se traduce por los síntomas siguientes: dificultades de relectura, lentitud excesiva que impide al niño terminar las tareas, libretas mal hechas, miedo a escribir, molestias físicas, ilegibilidad, escritura en forma de espejo...

Para los grafólogos y grafoterapeutas, el acto de escribir es un modo de comunicación que evoluciona constantemente a lo largo de nuestra existencia; la escritura sigue nuestra evolución personal. Si a ciertos niños les cuesta adquirir una escritura legible es debido a conocimientos adquiridos incompletamente en el ámbito de los gestos, por ejemplo, pero también a una falta de confianza en sí mismos y al rechazo a crecer o a comunicarse, que les ha impedido adquirir el gesto del grafismo. Según los especialistas, un trauma puede provocar una disgrafía. Después de una revisión global, retomando la historia del niño y situándolo en su contexto, el grafoterapeuta efectúa ciertos test antes de plantear una reeducación. Esta recurre a diferentes métodos, entre los cuales se encuentran técnicas de relajación y juegos para curar sus contracciones involuntarias. La grafoterapia sostiene que haciendo desaparecer este síntoma (la mala letra) el niño se relaja, vuelve a confiar en sí mismo y sus problemas psicológicos se resuelven.

Otras «psicoterapias» que no recurren al psicoanálisis se basan en teorías no verificables practicadas por personalidades límites.

Cierta corriente de *la osteopatía*, por ejemplo, parte de la afirmación del doctor Frydman (osteópata americano) de que el 95 % de los bebés movidos habían tenido lesiones en el cráneo en el momento del parto. Ello explicaría los torticolis neonatales, las malas posturas de la columna vertebral o los trastornos del articulado dental. «El cuerpo es un equilibrio sutil entre la estructura ósea, la estructura visceral y los factores emocionales externos» *(sic)*, a partir de lo cual una osteopatía craneal inventada por otro norteamericano, Still, pretende curar a través del masaje de los huesos del cráneo diferentes dolencias, incluidas las dolencias psíquicas... La osteopatía es una técnica destinada a reducir las lesiones mecánicas. Una tensión interna provocada por dificultades físicas puede provocar tensiones musculares dolorosas, y se instala así un círculo vicioso porque nos contraemos todavía más. De hecho, un osteópata puede aliviar los efectos mecánicos, pero esto no constituye en ningún caso una psicoterapia.

Tampoco lo es *la kinesiología*, que supone que cualquier fenómeno físico o mental provoca un estrés que permanece grabado en el cuerpo y que hay una interacción entre diferentes sistemas funcionales: estructural, fisiológico, psicológico, neurológico, energético... Así pues, propone una ayuda para «todos los periodos de la vida favorables al estrés», y la escolaridad sería uno de ellos. El especialista, mediante el tacto muscular, intenta resorber los bloqueos actuales supuestamente debidos al estrés; por ejemplo, pretende hacer con las manos «que los hemisferios cerebrales trabajen juntos» para curar la dislexia.

Aunque algunas de estas terapias son muy serias, las manuales o energéticas, por regla general, raras veces son practicadas por psicólogos. Requieren una formación muy variable, pero no constituyen psicoterapias.

5
El psicoanálisis infantil y tratamientos psicológicos asociados

Tanto si se trata de psicoanálisis, de psicodrama individual o de consultas terapéuticas a partir de dibujos, plastilina o marionetas, estos métodos pueden agruparse bajo el término genérico de psicoterapia. Su característica esencial es que no recurren a la voluntad y al control, sino a la libertad de expresión y a la confianza del paciente en su propia palabra.

El gran descubrimiento de Freud fue comprender que el paciente posee un saber olvidado sobre sus trastornos o su enfermedad y que por medio de su síntoma, visible o no, expresa una imposibilidad de decirlo. Por ello, el terapeuta ofrece a su paciente la posibilidad de decir lo que quiera, unida a un secreto profesional absoluto (que plantea muchas preguntas en psicoanálisis infantil, como veremos).

Evidentemente, el terapeuta dispone de otro tipo de saber: el que ha obtenido con su propio análisis (todo psicoanalista se ha sometido previamente al tratamiento que «infringe» a sus pacientes) y el que su paciente le ofrece entre líneas sin saberlo. Contrariamente a lo que la gente cree, el psicoanalista no conoce el inconsciente de su paciente, o más bien solo sabe lo que este le muestra, paso a paso, aunque tenga cierta ventaja sobre él.

El psicoanálisis infantil en España

☐ Tendencias actuales

En este campo, como en el del psicoanálisis a secas, las escuelas se enfrentan y se dividen, porque el conflicto es propio a la subjetividad, a la pasión y a la vida: el psicoanálisis no se libra, y nunca podrá convertirse en una ciencia objetiva. Esto puede inquietar a ciertos padres, pero no debería. Eso sí, tienen derecho a ser informados para elegir a la persona en la que depositarán su confianza.

En primer lugar, algunos psicoanalistas discuten la propia noción de psicoanálisis infantil, argumentando que psicoanálisis sólo hay uno; otros reservan este término a los encuentros que se producen varias veces a la semana.

La psicoterapia infantil, actualmente, está sumamente extendida, pero sigue siendo, en parte, bastante desconocida. Las condiciones teóricas, materiales y económicas de la psicoterapia conforman lo que se llama el *marco* (que trataré con mayor profundidad en la página 116 y siguientes). Personalmente, pienso que si se dan las condiciones imprescindibles, el proceso psicoanalítico puede realmente funcionar en un niño que sigue una psicoterapia semanal. El marco de la práctica privada es el más favorable, pero no es el único.

Al igual que en Francia, cada escuela de análisis tiene su opinión sobre el psicoanálisis infantil —cuyos expertos suelen formar un subgrupo en su seno— y la historia psicoanalítica también está marcada por el pensamiento de Lacan: aunque él no tratara nunca a niños, sus ideas inspiraron a grandes figuras del psicoanálisis infantil, y nuestro país ha recibido también la influencia de este psicoanalista francés, aunque también —y quizás en mayor medida— la influencia de Freud y de Melanie Klein.

Siguiendo con los discípulos lacanianos, para Maud Mannoni, que supo aplicar la teoría de Lacan a la psicoterapia infantil, así como para los analistas de la antigua escuela freudiana, el psicoanálisis clásico ha terminado anquilosándose al considerar los procesos inconscientes del propio individuo. El inconsciente también «circula» en la familia, y es así como el niño puede convertirse en el síntoma de los padres: el nerviosismo, por ejemplo, puede ser útil para un cierto equilibrio familiar. Es un hecho probado que los niños trasladados a otro entorno cambian completamente de comportamiento.

Lacan demostró que el niño psicótico es fruto de las cosas que se callan, de los secretos, de la falta de comunicación entre dos generaciones. Los padres, por lo tanto, no son «responsables», sino que son el juguete inconsciente de sus propios padres. El analista debe escuchar a la familia antes de tratar al niño. Lo uno va con lo otro. La «terapia familiar» que algunos preconizan no tiene en cuenta el sufrimiento del niño, pero este sufrimiento no puede verbalizarse si antes no nos deshacemos de las proyecciones y las identificaciones parentales (del tipo: «es clavado a mi hermano, que terminó muy mal»).

La otra corriente del psicoanálisis infantil en España está formada, someramente, por los sucesores de Anna Freud y de Melanie Klein. Se puede decir que actualmente el psicoanálisis infantil en España oscila entre varios polos (público-privado, psicoterapia-psicoanálisis) que trascienden las corrientes y forman un tejido complejo. Hace algunos años, muchos padres pensaban que «en su época, todos estos problemas escolares no se trataban con psicoterapia», ya sea porque les hubiera gustado que fuera así o porque no les hubiera parecido correcto.

Este comentario es menos frecuente actualmente, porque algunos de ellos han seguido alguno de estos tratamientos.

De hecho, la introducción de la psicoterapia en España es reciente, pero su desarrollo considerable muestra que responde a una necesidad. La aparición de la penicilina data de la misma época, y sería inimaginable privar de ella a los que la necesitan.

El psicoanálisis en el ámbito hispanoamericano

En España, la favorable acogida de la obra de Freud propició la rápida asimilación de la corriente psicoanalítica a principios del siglo XX. Tras la Guerra Civil española, diversos profesionales tuvieron que exiliarse a Latinoamérica, éxodo que se vería compensado a finales de la década de 1970 con la llegada a España de numerosos psicólogos y psicoanalistas, que contribuirían a la consolidación de esta ciencia. En Latinoamérica, el país en el que el psicoanálisis ha tenido una mayor implantación es Argentina, con figuras de la talla de Arminda Aberastury, introductora de la escuela inglesa de psicoanálisis en su país, y Enrique Pichon-Rivière. El psicoanálisis ha tenido también una gran difusión en otros países como Chile, México y Venezuela.

Destacados psicólogos en el ámbito hispano son también el español de origen cubano Emilio Mira y López, el español Ángel Arma, y los argentinos Arnaldo Rascovsky y David Liberman.

La argentina Arminda Aberastury fue la que podríamos llamar pionera del psicoanálisis infantil en Latinoamérica. Aberastury fue considerada una gran creadora dentro de la psicología, y ha sido reconocida como fundadora de la Escuela Argentina de Psicoanálisis Infantil, cuyo trabajo se ubica cronológicamente en los comienzos del desarrollo tanto de la psicología como del psicoanálisis en Latinoamérica y posteriormente en España. La psicoanalista participó en la fundación de la APA (Asociación Psicológica Argentina), impulsó la formación y la práctica del psicoanálisis infantil en su país y también en Uruguay y Brasil. Tradujo por primera vez al castellano las obras de Melanie Klein y desarrolló precursoramente el trabajo interdisciplinario (con odontopediatras). Asimismo, se interesó por la adolescencia —un área poco desarrollada hasta esa fecha en psicoanálisis— y por el campo emergente de la psicosomática.

Pichon-Rivière, psiquiatra y psicoanalista (1907-1977), fue uno de los introductores del psicoanálisis en Argentina, y uno de los fundadores de la APA, de la que luego se distanció para dedicarse a la construcción de una teoría social que interpretaba al individuo como el resultado de su relación con objetos externos e internos. En este marco fundó la Escuela de Psicología Social.

Responsable de una renovación general de la psiquiatría, Pichon Rivière introdujo la psicoterapia grupal en su país (servicio que incorporó al Hospital Psiquiátrico cuando fue su director), así como los test en la práctica de esa disciplina. También impulsó la psiquiatría infantil y adolescente.

Emilio Mira y López es considerado a nivel internacional como la figura más destacada en el ámbito de la psiquiatría, la psicología y la psicotecnia hispanoamericana del siglo XX. Su papel fue decisivo en la introducción y el desarrollo en España de la moderna orientación profesional, llegando a ser el instituto psicotécnico que dirigió conocido en toda Europa; también fue el introductor en los círculos médicos catalanes del pensamiento psiquiátrico alemán y de las teorías psicoanalíticas.

Fue el primer catedrático de Psiquiatría de España, al serle ofrecida la cátedra recién creada en 1933 por la Universidad

Autónoma de Barcelona.

Sus principales aportaciones fueron las siguientes:

— incorporó la psicología española a la psicología occidental;

— introdujo y desarrolló en España la orientación profesional;

— fue el más convencido defensor de la unidad psicosomática, y propugnó, en una visión aún más amplia, la concepción psico-bio-social de la persona. En ese sentido, resaltó la importancia del entorno familiar en el mantenimiento de las neurosis —mostrándose como pionero de la terapia de familia en España— y, en una etapa más avanzada, la importancia del ambiente social;

— propugnó, practicó y consiguió numerosas mejoras en la asistencia psiquiátrica para el bienestar de los internos;

— su aportación a la psicopedagogía abarcó desde sus innumerables cursos hasta la mayor parte de sus libros. Creía en la necesidad de inculcar una conciencia moral en el niño y la importancia profunda de la educación para la formación de una sociedad mejor.

¿El psicoanálisis infantil es específico?

«El psicoanálisis infantil es psicoanálisis», decía Maud Mannoni para afirmar que el niño es un sujeto que tiene inconsciente. El principal problema en la psicoterapia infantil es poder conciliar el desarrollo de una cura en un contexto que no es neutro, si se trata de la familia o de una institución. Pero la escucha, fundamentalmente, es la misma.

El niño es capaz de realizar asociaciones de ideas, sin tener necesariamente que dibujar o hacerlo con otro método de mediación. También puede tener una intuición sorprendente sobre lo que es el inconsciente.[26] Además es capaz de realizar transferencias, es decir, de establecer un vínculo muy fuerte con su psicoanalista o terapeuta, lo cual constituye el motor del análisis. Por ello es tan imprudente por parte de los padres interrumpir una psicoterapia: significa provocarle un trauma, porque entre el niño y el terapeuta se ha creado una relación afectiva de gran importancia. En este sentido, algunos niños nos piden realmente auxilio.

> Manuel, de 4 años, que está en preescolar, viene a verme porque se ha orinado en la cama de sus padres. Nunca antes había visto este síntoma. Los padres acusaron en primer lugar a la gata y después a la hermana pequeña. Para que cesara este comportamiento, no encontraron otra solución que desmontar el pomo de la puerta de su habitación. Finalmente, pensaron que quizá se trataba de una «venganza» *(sic)* y decidieron consultar con un especialista.
>
> El niño se niega a verme solo y permanece con su padre, que se pregunta delante de él si está celoso de su hermana. Después habla de su propio padre, que era muy severo y me dice que no le gustaría ser como él. Cuando veo a la madre una semana después, el síntoma ha desaparecido momentáneamente, pero en otras ocasiones también era así. Ella también confiesa haber tenido unos padres muy duros. Tiene una hermana con muchos problemas, y su madre afirma que era como Manuel a su edad. Ahora, esta tía es alcohólica. Manuel responde a todo que no, no juega con los otros niños, es agresivo con su hermana pequeña. Sin embargo, me dice que quiere crecer y que hablar está bien.
>
> En la tercera visita, el síntoma sigue sin reaparecer y el padre se niega a que siga viendo al niño, aunque acepta volver con él.

---

26. Cf. los casos de Ramón y de Carlota en el capítulo 7.

En la cuarta, se queja sobre todo de los problemas de pronunciación del niño y quiere ir a ver a un ortofonista. Sería un grave error, porque este nuevo síntoma, para Manuel, es una manera de defenderse contra su padre. Además, me dice que Manuel se comporta como un bebé. Quinta visita: en casa todo va bien, pero en la escuela el niño no puede estarse quieto. La madre confiesa: «En la escuela se desahoga porque en casa no le dejamos gritar por los vecinos». El padre dice que lo de orinar en su cama «se fue tal y como llegó». La madre rectifica: «No, es desde que vino aquí». Después de esta visita, no los vuelvo a ver.

Ocho meses después, regresan. El comportamiento de Manuel en la escuela es un desastre. El lenguaje en casa ha experimentado una regresión. Cuando se niegan a comprarle algo en una tienda, lo coge. Lo han asustado y el padre sigue oponiéndose a que venga a verme. Entonces, el niño me hace un dibujo magnífico: al lado de la casa, hay una flor que se maquilla. Comenta: «¡Para gustar a ti!». En la escuela, lo tratan de chiflado. Manuel me hace otros dibujos, en general historias de ladrones. Se identifica con un ladrón que no está en su casa, porque «la casa es de otro señor». Así, nos vemos varias veces. Manuel me habla cada vez más abiertamente, es decir, necesitando menos el pretexto de los dibujos. Hacemos pequeños juegos de rol: en el papel de su padre (yo soy Manuel) me pega y después me compra un coche teledirigido.

Así pues, acepto ver a Manuel y a su madre a pesar de la reticencia y el rechazo del padre. Pero si lo hago es porque Manuel le dijo a su madre: «Mamá, tengo que ir a ver al señor porque lo necesito». Sus padres están preocupados porque un día dijo que estaba enamorado de su hermana. Al cabo de poco dejaron de venir bajo el pretexto de que «estaba mucho mejor».

Con Manuel vemos claramente que la desaparición del síntoma no basta. Un síntoma sustituye a otro mientras no se resuelve el fondo del problema. Pero la resistencia de sus padres, del padre en particular, impide realizar una verdadera psicoterapia, aunque el niño exprese esta necesidad. Es probable que esta interrupción le haga sufrir, así como la incomprensión de sus padres, y que experimente otras dificultades.

Afortunadamente, los padres cooperan en general mucho más. Ciertos tratamientos duran mucho tiempo porque el síntoma (como por ejemplo la anorexia mental infantil) recubre problemas profundos.

— *El inconsciente no tiene edad.* En el niño podemos encontrar problemáticas idénticas a las del psicoanálisis en adultos. Así, por ejemplo, las ganas de tener pene en las niñas, el complejo paterno en los niños o incluso el masoquismo que encontraremos más adelante en Isabel son problemas que adoptan la misma forma que en los adultos.

— *La técnica de la psicoterapia,* sin embargo, puede ser distinta según los casos. Algunos niños simbolizan el inconsciente por medio del dibujo; así, por ejemplo, el sol será la imagen del padre, y el niño que tenga un padrastro dibujará dos soles. Otros explican historias que les permiten mantener la distancia de la metáfora sin hablar directamente de ellos, para protegerse seguramente de una interpretación demasiado evidente que rechazan a medias. Otros, finalmente, como Raúl, solo hablan a través de sus sueños. El analista escucha y oye por medio del dibujo, de la historia o del sueño.

— *Psicoterapia y reeducación.* ¿Es necesario recordar que los trastornos llamados instrumentales (erróneamente), como la disortografía o la discalculia, pueden ser indicaciones para la psicoterapia? Sin hablar de los zurdos que tienen problemas de adaptación difíciles,[27] cualquier

---

27. Hoy en día, a los zurdos ya no se les fuerza a ser diestros. ¿Cuánto tiempo ha sido necesario para que pedagogos y educadores se dieran cuenta de que la enseñanza debía adaptarse al niño y no al revés?

niño, al inicio del aprendizaje, empieza en cierto modo siendo disléxico. Esto todavía es más perceptible en los niños que tienen alguna dificultad que, desde el primer día de clase, comprenden que hay ciertos desafíos (competencia, ansiedad de los adultos...) que los superan y a menudo les llevan a renunciar a aprender. Este sentimiento de fracaso inicia un círculo vicioso del que el niño no podrá salir simplemente con una reeducación.

Tratamientos psicológicos de inspiración psicoanalítica

☐ Psicoterapia

Como el psicoanálisis, se basa en el principio de la asociación de ideas. La regla es decirlo «todo», soltar las ideas que pasan por la cabeza sin barreras. A los niños, igual que a los adultos, les resulta muy difícil. Puede explicarse al niño (y a los padres) que esta regla no está hecha para saberlo todo, sino para descubrir las ideas ocultas.

Cuando la asociación de ideas es difícil puede recurrirse a la plastilina, al dibujo o a las marionetas, como hemos visto. Por medio de estos elementos, se obtienen historias en las que el niño proyecta sus sentimientos o sus vivencias, en ocasiones muy poco disimuladas. Pero el método sigue siendo el mismo: lo importante es lo que dice el niño y el vínculo con las ideas inconscientes que le vamos a permitir descubrir progresivamente, subrayando una palabra, repitiendo una frase o uniendo varias sesiones o acontecimientos.

☐ Psicodrama analítico individual

Muchos niños no consiguen hablar con la espontaneidad que requiere el psicoanálisis. Entonces, se utilizan subterfugios como el dibujo y la plastilina, pero después deben poder hablar de su dibujo y de lo que han hecho con la plastilina. Entre estos niños, hay muchos que piden ayuda sin poder expresar su sufrimiento. Pasar por el juego, es decir, esconderse detrás de un papel, tener derecho a mentir «en broma», permite conciliar la necesidad de ayuda y el paso obligado por el lenguaje. Por ello el psicodrama es un método sumamente eficaz para ayudar a todos los niños que necesitan una asistencia terapéutica, que la reclaman, pero que son incapaces de decir lo que les pasa por la cabeza porque están «bloqueados», a pesar suyo. Para estos niños, las técnicas descritas anteriormente no son suficientes.

El psicodrama individual se practica con un solo niño o adolescente, un director del juego (o líder) psicoanalista y coterapeutas (idealmente, tres hombres y tres mujeres).

El niño enuncia cualquier idea de juego (acontecimiento antiguo o reciente, sueño, escena imaginaria). El director del juego lo ayuda a ponerla en escena: elección de la secuencia, desarrollo, etc., y piensa con él el papel de este juego en la comprensión de sí mismo y de sus posibles problemas. El niño elige entre los coterapeutas a los protagonistas de esta escena. Puede interpretarse o no a sí mismo.

La escena interpretada no es necesariamente la misma que la escena enunciada, por razones evidentes (los coterapeutas saben poco sobre la realidad del paciente), pero también porque algunos terapeutas harán lo que han interpretado en su discurso y no la escena real. Por ejemplo, si un paciente se queja de sus compañeros o de sus padres, los terapeutas podrán interpretar el papel de compañeros o de padres intachables para que él vea lo que, en su propio comportamiento, puede ser provocador.

El director del juego puede intervenir mandando a un terapeuta que interprete un personaje evocado por uno de los actores, por ejemplo, o el papel de un tercero que desbloquee una situación.

En el momento en que sucede algo significativo (lapsus, cese del juego, afectos varios, como risas o lágrimas, salida del papel, etc.) el director del juego detiene la escena porque esto señala la llegada a la conciencia de una idea reprimida hasta entonces.

Finalmente, suelen interpretarse dos o tres escenas en la misma secuencia.

El niño, en ocasiones, vive situaciones dramáticas en casa o en la escuela que no se atreve a contar porque siente vergüenza y porque querría arreglárselas solo: burlas, algún acto sádico, cuando no se trata de chantaje en el recreo o a la salida de la escuela. El psicodrama puede liberar al niño porque, a diferencia de la escena real, todos los protagonistas del psicodrama verbalizan lo que sucede. Para el psicoanálisis, si un niño se encuentra en una posición de víctima, no es por casualidad. Gracias a la veracidad del juego, puede tomar conciencia de su implicación, puede reconocerse en la víctima más o menos consentidora, provocadora o humillada. También se le puede hacer interpretar el papel de agresor, lo cual le permite ver también hasta qué punto estas parejas víctima-verdugo o agresor-agredido funcionan como un espejo.

> Javier, de 11 años, está en primero de secundaria. Sus padres lo traen porque en la escuela no trabaja. El ortofonista ya lo ha tratado; durante un año hizo psicoterapia. Desde su más tierna infancia sufría estreñimiento. Es muy bajito y está siendo tratado médicamente. Le cuesta ponerse a trabajar; le falta atención. En clase le molestaban pero «pararon cuando mi padre fue a verlos». Se pasa todo el tiempo comprobando lo que ha hecho, siempre duda de la respuesta. Pero, sobre todo, sufre un síntoma muy difícil de curar con los medios clásicos:

es lento, muy lento, tanto en casa como en la escuela. Javier acepta con facilidad el psicodrama, que se desarrolla una vez cada quince días porque estamos saturados. Participa muy bien en las escenas en las que interpretamos su lentitud como una oposición solapada y arisca: está contento. Al cabo de algunas sesiones, el padre me dice estar sorprendido por un cambio importante y confirma que los resultados han mejorado.

El psicodrama analítico, que tomó de Moreno la idea de la espontaneidad universal del juego en el ser humano, tiene la misma finalidad que la psicoterapia: concienciar al individuo sobre los conflictos inconscientes para evitar la aparición del síntoma. Pero no utiliza el mismo medio, es decir, la asociación de ideas. Sucede que la asociación de ideas, necesaria para la psicoterapia, a veces es imposible en el niño o en el adolescente. Esta imposibilidad responde a motivos individuales diversos (inhibición, por ejemplo) a menudo relacionados con carencias culturales. Así, está indicado para una franja importante de la población tratada en los centros psicopedagógicos, la de niños y adolescentes que sufren y que desean una ayuda psicológica sin que en principio puedan acceder a ella o sin pedirla, mientras que el peso de sus síntomas, escolares en particular, pesa sobre todo el colectivo.

Así pues, el psicodrama permite, gracias a la fantasía del juego, hacer hablar a sujetos que, de hecho, no pedían más que esto. De ahí nuestra sorpresa cada vez que un niño bloqueado, cerrado, reticente al diálogo de la consulta, se pone a jugar desde el inicio de la primera visita y añade después de la sesión, como uno de ellos recientemente, «el psicodrama es genial». Se trataba de un niño colombiano adoptado a los 5 años y que con 15 presentaba pesadillas reiteradas. Acabábamos incluso de interpretar el propio guión de sus pesadillas.

El psicodrama permite sobre todo al propio paciente descubrir que, en la piel de otro, finalmente puede hablar. Esto lo ayuda a descubrir sus problemas por medio de esta identificación (consigo mismo), mientras que hasta entonces solo su entorno se quejaba de ello.

□ **Consulta terapéutica**

Se realiza a los niños que rechazan un tratamiento individual o que no lo necesitan en ese momento, pero que aceptan de buen grado entrevistas solos o con sus padres. En ellas, se habla como si fuera una psicoterapia, lo cual permite identificar qué corresponde a cada uno. Estas visitas pueden prolongarse durante meses, incluso años, porque se realizan de forma muy espaciada.

También pueden desembocar en una asistencia individual o en una orientación de los padres (véase el capítulo 6).

> Alejandro ha seguido un psicodrama. En la escuela hace muchas tonterías, como por ejemplo «utilizar» el extintor. Estas tonterías preocupan mucho a sus padres (ambos lloran). De hecho, representan una «llamada de socorro» frente al ambiente familiar, rebosante de aburrimiento y depresión. El psicodrama mejora rápidamente las cosas y coloca el síntoma «tonterías» en un contexto relacional: no se trata de un acto de locura como temían los padres. Se quedan más tranquilos, pero necesitan verme y traerme a su hijo mayor para una psicoterapia debido a un síndrome depresivo. Aunque desde entonces Alejandro esté en un internado, donde trabaja bien, piden que lo visite, a pesar de venir desde muy lejos. Esto significa que las visitas les son útiles. De vez en cuando, hago balance con Alejandro. Es un seguimiento a largo plazo, pero episódico.

> **La separacin**
>
> Aunque no sea un tratamiento propiamente dicho, una separación mediante un internado o una acogida familiar puede ser la solución cuando padres e hijos viven su relación en un enfrentamiento continuo que impide ver el lado positivo de las cosas. Los «reencuentros de fin de semana» son entonces mucho mejores.
>
> También puede resultar necesaria cuando el entorno escolar es desfavorable o peligroso.

☐ Terapia familiar

En los años setenta, investigadores de la escuela de Palo Alto (California) inventaron la terapia «sistémica» a partir de la cibernética y del estudio de los sistemas, entre los que se encuentra la familia. ¿Qué significa?: en dos palabras, que los miembros de una misma familia están en interacción constante unos con otros. De ahí la idea, enunciada además por algunos psicoanalistas infantiles, de que el niño presentado como enfermo no es el único que sufre, sino que también es el blanco de una patología familiar. Se desprende el principio de la terapia llamada sistémica: todos los miembros de la familia sin excepción son recibidos por dos terapeutas que estudian, por medio de los intercambios verbales, su funcionamiento, para encontrar la disfunción que causa el trastorno. Esta técnica, aplicada de media una vez al mes, es particularmente conveniente en los casos difíciles (psicosis, anorexia mental) en los que el sujeto en cuestión rechaza un tratamiento individual.

Este enfoque fue retomado por psicoanalistas infantiles que utilizan un vocabulario que tiene en cuenta el inconsciente. Las terapias familiares representan una aportación nada despreciable tanto en la práctica como en la teoría: los terapeutas familiares son los que han desarrollado el concepto de *parentificación*, aplicable a los casos en los que los padres suscitan en sus propios hijos actitudes orientadas a que sean tratados como niños que sufren, incapaces o insoportables, patología relativamente frecuente en la actualidad.

¿En qué marco realizar una psicoterapia?

El marco privado, en principio, es donde la psicoterapia y el psicoanálisis pueden llevarse a cabo de manera más rigurosa y, por lo tanto, más provechosa. Pero esta práctica puede acabar siendo una excepción: si nos fijamos en lo que requiere la formación de analista (en el caso de un psiquiatra, por ejemplo, diez años de media de análisis personal y didáctico, además de los once años de carrera), si analizamos la carga económica de los gabinetes liberales, si recordamos que los niños tienen más o menos tres meses de vacaciones y que a los padres no les gusta nada que pierdan clases (lo cual obliga a los especialistas a hacer acrobacias con su agenda), entenderemos que haya muy pocos candidatos a realizar este tipo de práctica.

Desde su creación, el psicoanálisis infantil parece estar reservado a una élite. En Viena, en tiempos de Freud, esta élite estaba formada por los analistas y los intelectuales del entorno vienés que solían ir a verlos. Actualmente, esta élite se ha ampliado, pero todavía se dice que solo es posible psicoanalizar a un niño si sus padres ya conocen el psicoanálisis en propia piel. La mayor difusión del psicoanálisis en la sociedad en general y el mayor número de analistas no parecen bastar para permitirnos aceptar que nuestro hijo siga un tratamiento de psicoanálisis sin saber personalmente de qué se trata. Dicho esto, a menudo sucede que padres que realizan este tipo de análisis toman conciencia de la importancia de lo que vivieron y no pudieron explicar en su infancia. Si su propio hijo parece estar mal se preocupan y, considerando que no son las mejores personas para hablar con él, lo llevan a ver al analista. El niño suele aceptar pero no tiene nada que decir al analista, aparte de que todo va bien y que papá y mamá se preocupan. En este contexto, es poco habitual tener que realizar una cura a un niño que probablemente no lo necesita.

A lo largo de este libro, hablo tanto de psicoterapia como de psicoanálisis infantil. El lector podrá sentirse desconcertado, y es comprensible, porque las cosas son simples y complejas a la vez. De hecho, respetando el marco establecido desde hace más de setenta años por los psicoanalistas infantiles, la psicoterapia puede convertirse en un psicoanálisis, es decir, operar en el sujeto una concienciación que provocará un cambio, el cual conllevará una «curación» (terapia) de los síntomas, con lo que todo psicoanálisis verdadero es también psicoterapia.

De hecho, la diferencia entre psicoterapia y psicoanálisis es válida sobre todo en los adultos. El psicoanálisis está orientado ante todo a la comprensión por parte del paciente de sus propios trastornos. Para ello, acepta recostarse dos o tres veces por semana en el diván de un psicoanalista a quien remunera sin ayuda externa (Seguridad Social, por ejemplo) por su escucha y sus interpretaciones. Esta alianza, única en el mundo, desprendida al máximo de cualquier influencia extraña, representa la fuerza del tratamiento.

La psicoterapia conserva del psicoanálisis el corpus teórico, pero intenta librarse de las imposiciones del marco (diván, ritmo de las sesiones). Se practica con menor frecuencia, a solas y puede estar cubierto por la Seguridad Social. Evidentemente, este «vil plomo» mezclado con el «oro» del psicoanálisis, para retomar los términos de Freud, tiene sus consecuencias. Y si la psicoterapia es útil en los casos graves, eficaz cuando los síntomas son interpretables y el sujeto quiere mejorar, después pierde todas estas cualidades y, o bien el sujeto se cura, o bien tiene que llegar más lejos, lo cual solo es posible gracias al psicoanálisis. Los tratamientos psicológicos de larga duración, aparte de los efectos milagrosos de ciertas interpretaciones, se basan en una especie de intercambio: el paciente intercambia su malestar, sus dificultades en la vida, a cambio de una relación, una relación muy particular porque, aunque se limite a varias sesiones por semana, puede llegar a «llenar» toda una vida. Esta intensidad se debe al fenómeno de la transferencia. Llegado el momento, debe curarse este fenómeno (analizar la transferencia, como se dice) para que el paciente se libere del análisis y pueda vivir de manera autónoma.

Resulta útil desviarnos un poco hacia el psicoanálisis de adultos para volver al psicoanálisis infantil. Algunos psicoanalistas, como hemos visto, calcan el tratamiento en niños del tratamiento en adultos. Es cierto que el psicoanálisis es el mismo, pero aplicarlo como tal en niños responde a un doble desconocimiento de algunos principios. En primer lugar, el niño es dependiente de sus padres. No se le puede tratar como a un adulto, aunque lo escuchemos como sujeto, y como tal, no puede establecer un contacto como un adulto. En cambio, puede comprender perfectamente y sumarse al método psicoanalítico. Así, es necesario adaptar el psicoanálisis a los niños, como la inmensa mayoría de psicoanalistas infantiles han entendido, es decir, preparar y acompañar a los padres cuando no conocen este proceso con el fin de establecer una psicoterapia, protegiéndola en la medida de lo posible no solo del cuestionamiento de un tercero (padres, sobre todo en caso de divorcio, escuela), sino también de los avatares de la vida moderna (traslado, horarios incompatibles, desplazamientos demasiado largos para ir a la consulta, etc.).

La condición básica de la psicoterapia (y todavía más en el caso del psicoanálisis infantil) es la permanencia del marco. Permanencia del lugar, pero también acuerdo de los padres, regularidad de las sesiones, presencia del terapeuta. La psicoterapia infantil debe adaptarse: no puede hacerse en cualquier lugar.

El sector privado ofrece mejores condiciones «técnicas» en el marco de la práctica liberal. De hecho, se acerca más al contrato psicoanalítico establecido entre el paciente y su analista, sin que haya otra intervención que la de los padres.

Pero también es posible hacer análisis infantil en centros especializados como los CDIAP, o CSMIJ (véase el tratamiento de Carlota en el capítulo 7). Las condiciones materiales no difieren mucho de las del sector privado. Ciertamente, el tratamiento está cubierto por la Seguridad Social, pero el niño y sus padres puede que vengan de muy lejos (varios cientos de kilómetros) y sus motivaciones, así como su adhesión al tratamiento, pueden ser tan fuertes como en el marco privado. Además, las vacaciones escolares normalmente no afectan más que si el tratamiento se hiciera en el marco privado.

☐ Psicoterapia en el hospital general

Si no se encuentra muy alejado del domicilio del niño, el hospital general puede ser un buen lugar para llevar a cabo la psicoterapia. La demanda suele ser más seria. El hospital, menos sujeto a las limitaciones presupuestarias de los CSMIJ, puede permitirse dedicar más tiempo a las exploraciones psicológicas y ofrecer tratamientos costosos.

La demanda es más seria porque pasa por un problema corporal considerado siempre más grave, importante, más concreto, más visible que el problema psicológico. He aquí algunos ejemplos:

> Daniel tiene 11 años. Sufre dolores de barriga desde hace cuatro años. A veces tiene fiebre, sangre en las heces, dolor de cabeza. Toda esta sintomatología no alerta mucho al pediatra porque desaparece completamente durante las vacaciones escolares. Daniel, hijo único, está en cuarto (repitió tercero) y trabaja bastante en clase. Su padre es pintor de paredes y su madre secretaria. El pediatra encuentra la revisión normal pero destaca que Daniel estuvo hospitalizado por una fiebre de 40° que bajó a su llegada al hospital. Pide otras pruebas (todas salen normales) y me lo manda después.

La consulta con un médico psicoanalista en el hospital presenta una particularidad: aunque el joven enfermo y sus padres estén avisados, no deja de sorprenderles el hecho de tratar con un médico que hace pocas preguntas, que deja hablar mucho y que no examina al paciente. La bata blanca que suele llevar en el servicio de pediatría refuerza este contraste con la medicina ordinaria. Si el interrogatorio médico busca signos visibles y palpables en las palabras de los interlocutores, la entrevista psicológica intenta oír los significados (a través de los «significantes») impalpables pero no obstante ciertos. Esta ruptura entre ambos discursos suele tener un efecto espectacular y una eficacia inmediata.

> Cuando visito a Daniel y a sus padres, estos me hablan de las causas. La madre cree que no deben ser psicológicas porque

el niño tiene fiebre. El padre, al contrario, piensa que sí deben de serlo porque solo le pasa cuando tiene deberes que hacer. Daniel tuvo problemas de vómitos a su nacimiento y un eccema por sobrealimentación con un año de edad, el cual desapareció con un cambio de régimen.

Cuando lo veo a él solo, me cuenta sus dolores: por la tarde, sobre todo, antes del patio de las tres. Le pregunto qué sucede en el recreo de las tres: a las tres, juegan a fútbol y tiene miedo de que le den un pelotazo en la barriga. Tiene muchas pesadillas que manifiestan su ansiedad. Lo operaron de apendicitis y habla de ello en estos términos: «Me quitaron algo, pero no sé qué».

Esta es, en sustancia, la carta que mandé al pediatra:
Niño de 11 años equilibrado, cuyos padres cooperan. Está muy unido a la madre y teme a su padre, al que considera «severo pero justo». Sin embargo, presenta:

1. Un esquema corporal (representación consciente e inconsciente que nos hacemos de nuestro cuerpo) muy perturbado. Así, todavía no ha entendido el movimiento de progresión de los alimentos por el tubo digestivo. Piensa que los alimentos pasan por los pulmones y que las heces no tienen nada que ver con la digestión: cree que corresponden a la emisión de una parte del cuerpo desconocida. La apendicitis que le quitaron forma parte de este misterio.

2. Una ansiedad de castración (cualquier ansiedad o miedo a perder algo, en psicoanálisis, adopta el modelo del miedo a perder el sexo masculino en la medida en que el niño piensa que es lo que les pasa a las niñas). La madre de Daniel lo ha amenazado varias veces con cortarle el pajarito si se lo toca. Naturalmente, él no la ha creído, pero tres elementos pueden hacer que la tenga en cuenta:

• Tuvieron que operarlo de fimosis (constricción del prepucio que impide el libre paso del glande).

• La operación de apendicitis pudo hacerle creer inconscientemente que la amenaza iba a cumplirse.

- Las patadas en los órganos genitales hacen daño en la barriga. Hablar de ello le hace llorar y su madre le ha dicho que se defienda de esta manera si algún día entra un ladrón en casa.

3. Daniel presenta unos conocimientos sexuales muy deficientes para su edad, en particular sobre el interior del vientre de las mujeres. No hace ninguna pregunta: de hecho, no se atreve y pretende hacer ver que no le interesa, lo cual ha podido alterar su desarrollo cognitivo y explicaría sus dificultades escolares.

Esta visita terapéutica no desembocará necesariamente en una psicoterapia, pero los dolores de barriga tomarán, así lo esperamos, otra dimensión. Daniel quizás llegue a expresarse de otro modo que por medio de este síntoma, que representa tanto su ansiedad como la prohibición de saber.

El caso de Valentín, de 22 meses, es muy distinto. Valentín no puede dormirse sin dar cabezazos contra su cuna. Cuando lo acuestan de espaldas, se golpea con la mano.

Este comportamiento es muy inquietante, porque el adulto se siente completamente impotente. Los padres, en estos casos, multiplican los trucos para evitar que se haga daño o piden ayuda mediante medicamentos. Sin embargo, también en este caso, la palabra es la que curará. La palabra actúa en el ámbito hospitalario como esos instrumentos mágicos que pertenecen al campo de la tecnología médica.

De hecho, en el transcurso de la larga conversación que mantengo con los padres, me entero de que un cuñado joven de la madre murió de un tumor cerebral justo un año antes del nacimiento de Valentín. La madre consideraba a este cuñado como a un hermano.

No buscaré explicaciones complejas a este caso, pero a partir de esta visita las ritmias del sueño (nombre que recibe este tipo de trastorno) desaparecieron completamente.

Jessica, de 9 meses, sufre insomnio. Duerme con normalidad toda la noche desde que tenía 2 meses pero, desde los 6, se despierta cada hora y ahora cada media hora. Los padres, que tuvieron que esperar años para tener a esta hija única, están preocupados y van directamente a la consulta del psiquiatra infantil. Cuando Jessica tenía 2 meses y medio, en el momento del destete, su madre tuvo un absceso en la pared abdominal y no pudo llevarla en brazos durante un mes. Entonces, la niñita lloraba sin cesar, como la abuela materna confiesa a la madre.

«Por la noche, si la dejo llorar estando cerca de ella —afirma—, clava los dedos en mi piel; si la cojo, vuelve a dormirse.» Incluso con hipnóticos, se despierta. El padre tampoco puede más.

De hecho, la madre, en su ansiedad, asocia a Jessica (a pesar de ser solo una niña) con su propia madre que, según ambos padres, tiene mucho carácter. El resentimiento que sienten hacia ella y hacia Jessica va acompañado de un sentimiento de culpabilidad. Además, también lo «añaden» en sus caricias, en su asistencia, en la proximidad.

Después de escucharlos, les pido que dejen llorar a Jessica el tiempo que haga falta. Están tan excedidos y agotados que siguen mi consejo y aceptan esta «separación».

Avisan a todo el edificio de la decisión tomada en mi consulta y dos días después Jessica vuelve a dormir toda la noche.

Cuando me piden en la unidad de pediatría que vea a Ricardo, de 11 años, este no come desde hace un mes y medio. Esta anorexia mental empezó después de una crisis de ansiedad durante las vacaciones.

Su padre, divorciado y alcohólico, había avisado de que llegaba. Ricardo está muy deprimido y su anorexia corresponde a una especie de huelga de hambre más o menos consciente que puede llevarlo a la muerte. Pero se muestra indiferente ante su suerte y no se queja. En estos casos, gran parte del tratamiento consiste en la hospitalización y el aislamiento, que en este caso decidió el pediatra. Pero este aislamiento no basta, y debe ponerse en marcha una psicoterapia eficaz lo antes posible. Sin embargo, las conversaciones no tienen ningún efecto en el estado de Ricardo. Las sesiones se suceden y se parecen: dice con un tono algo irritado que no tiene nada que decir, pero responde educadamente a las preguntas. Desesperado, decido proponerle un juego de rol en pareja: él interpretará mi papel de médico y yo el de enfermo. Lo acepta. En el papel de enfermo, expreso toda mi agresividad: estoy furioso contra las enfermeras sádicas (me había dicho que lo fulminaban con la mirada), los médicos policías y el psicólogo inquisidor. Ricardo se sorprende de que «yo» pueda expresarme así y decir lo que pienso realmente. A partir de ese día, su curva de peso sube y Ricardo puede salir del hospital, aunque el tratamiento todavía vaya para largo. Ahora, Ricardo tiene un peso normal, unos resultados escolares brillantes y conserva un perfil algo altivo, pero está más sociable y tiene muchos amigos.

Los casos vistos en el hospital se presentan con una sintomatología más somática cuando más pequeños son los niños. Antes de adquirir el habla, de hecho, solo pueden expresarse a través de síntomas corporales. Sin embargo, detrás de esta sintomatología, la causante es la mente. Así, el papel de un psicoanalista en el hospital puede ser imprescindible.

☐ **Psicoanálisis en consulta externa (hospital de día, etc.) y en internado**

Puede pensarse que una institución en la que los niños viven de día, o incluso de noche, es un lugar de observación privilegiado y, por lo tanto, de tratamiento más eficaz que si la psicoterapia se produce externamente. El psicoanalista necesita fiarse solamente de la palabra del paciente; demasiada información (aportada por los padres o por los educadores) puede llegar a ser perjudicial. Por otro lado, el niño lo ve fuera de sus sesiones, lo cual puede ser negativo en sus proyecciones sobre él (no puede solamente imaginar). En el centro, además, pueden producirse reacciones de celos muy perjudiciales con otros niños seguidos por el mismo psicoanalista.

Para Françoise Dolto,[28] una psicoterapia realizada en el marco de un centro escolar puede llevar al niño a un punto muerto si no capta la diferencia radical entre el trabajo analítico y el trabajo pedagógico. Algunos niños, según ella, viven la terapia como unas vacaciones en las que pueden decir lo que quieran (a veces hacer lo que quieran) sin comprender que se trata de un trabajo destinado a mejorar su estado. Por esta razón, además, instituía un pago simbólico de su contrato con el niño y se negaba a recibir a los educadores del niño que pedían consejo sobre su actitud. «Deben hacer lo que sientan, ser naturales, sin temer las reacciones del niño», les decía, aceptando sin embargo hacer balance con ellos en presencia del niño. «Si el niño sabe que su analista habla con sus educadores o su maestro, esto puede impedirle analizar su transferencia.»

Por mi parte, pienso que la psicoterapia solo puede llevarse a cabo en una institución si el adulto psicoanalista y el niño ingresado pueden establecer, con el acuerdo de los padres, una relación en la que no interfieran ni en uno ni en otro las reacciones de los otros miembros del centro, tanto adultos como niños. De hecho, no puede realizarse una psicoterapia en una institución si el niño o el

---

[28] En *Le Coq Héron*, septiembre-octubre de 1974, publicación de un grupo de estudios del centro Étienne-Marcel.

adolescente no ha comprendido que el terapeuta es *su* terapeuta, aunque y sobre todo los otros niños con los que lo comparte lo vean de otra manera. Del mismo modo, un psicoanalista no puede llevar a cabo un tratamiento tan delicado si no se siente cómodo, es decir, si no se siente apoyado también por los otros adultos del centro en este papel privilegiado pero que debe ser preservado al máximo de los contratiempos de la realidad.

En el hospital de día que dirijo, no se fijan reglas en cuanto a la terapia. Cuando esta ha empezado fuera del centro, se hace todo lo posible para mantenerla así. En cambio, si el niño o adolescente ya no sigue ninguna terapia cuando está en el centro (en el que realizamos la reescolarización de adolescentes demasiado perturbados para seguir el ciclo escolar normal) y ha seguido múltiples tratamientos anteriormente, preferimos esperar. Así, los adolescentes recuperan las ganas (en ocasiones dormidas) y la comprensión hacia el psicoanálisis, y entonces se les puede hacer seguir un tratamiento en el centro o fuera. Finalmente, otra opción es que este psicoanálisis empiece una vez terminada la asistencia en el hospital de día.

◻ **Algunas consultas públicas no están adaptadas a la psicoterapia**

Las consultas cuya finalidad no es la psicoterapia no están adaptadas a ella. Sus psicólogos son imprescindibles para orientar a los niños, para el acompañamiento de los equipos de educadores, pero su actividad es incompatible con el desarrollo de tratamientos.

Es el caso de las consultas llamadas medicopsicológicas que dependen del Ministerio de Justicia para el seguimiento de niños protegidos por el juez de menores, o del juez de asuntos familiares para los casos difíciles de separación o divorcio. Es imperativo que la psicoterapia se practique en un CSMIJ, un lugar más neutro, cuya razón de ser es la mejoría del niño y no la separación de los padres. Estas reflexiones son aplicables a la Ayuda Social a la Infancia (ASF).

Lo mismo pasa con la escuela, donde no se debería realizar ninguna psicoterapia. Como veremos más adelante con el caso de Carlota, el síntoma «escolar» está relacionado con otras preocupaciones, y sería darle una consistencia definitiva relacionarlo únicamente con problemas de aprendizaje. Al contrario, es necesario que el niño comprenda que hay un interés mayor que el de simplemente aprobar exámenes; este interés superior es el que le permitirá después volver a instaurar libremente la escolaridad. Por otra parte, en el mismo sentido, es absurdo relacionar la terapia con los horarios y los días de escuela. Además, todos los terapeutas infantiles saben que las psicoterapias realizadas durante el tiempo escolar, asumiendo que todos comprenden su importancia, funcionan mejor que las otras. También corren menos riesgo de hacerse interminables y se interrumpen cuando vuelve a ser necesario poner las energías en la escuela.

Por las mismas razones, pienso que la reeducación, del tipo que sea, no debe hacerse en la escuela. Es evidente que no solo al niño le costará más diferenciar las clases de la reeducación, sino que la idea de secreto (aunque este se respete, en principio), útil para la psicoterapia y también para la reeducación (idea a la que se aferran los niños más aptos a mejorar), será menos creíble en el ámbito escolar.

Sin embargo, la escuela es el lugar por excelencia de detección de las dificultades del niño por las razones siguientes:

— los padres, a menudo, no ven tales dificultades en casa al haberse acostumbrado a ellas;

— la relación con el aprendizaje es un indicador de la buena salud física del niño;

— el maestro es la primera persona que releva a los padres a la hora de ocuparse de los niños, es decir, es el primer personaje social con el que se encuentra el niño.

La colaboración de los CSMIJ con algunos psicólogos escolares puede ser significativa en la medida en que estos reconocen tanto más sus límites cuanto más competentes son. El CSMIJ también puede retomar el trabajo iniciado en la escuela por el psicólogo escolar.

La elección del psicoterapeuta

□ La elección de los padres

Para los padres, la elección de un psicoterapeuta a quien confiar a su hijo es un asunto delicado: además de las cualidades profesionales que esperan de él, saben o presienten que este nuevo personaje, si el niño se pone en sus manos como debe ser, conocerá secretos familiares o, en todo caso, participará indirectamente en la vida del hogar. Por lo tanto, es necesario confiar en él, no solo por su hijo, sino también por sí mismos. Suele pasar que esta elección incumbe al psiquiatra infantil que ha indicado la psicoterapia, y la confianza en el primero se depositará normalmente en el segundo. O también puede ser que los padres conozcan a alguien a quien pueden pedir una dirección, y consultan directamente al psicoterapeuta. Sea como sea, y sean cuales sean las modalidades elegidas, esta elección no es casual: refleja ciertas ideas (incluso una ideología) muy conscientes, pero también pensamientos inconscientes que el terapeuta deberá aclarar antes de iniciar el trabajo con el niño. Lo que vale para la elección del terapeuta sirve también para la del tipo de asistencia que queremos para nuestro hijo, y los errores no son nunca fortuitos si creemos en el inconsciente. Así, por ejemplo, algunos padres afirman haber seguido inocentemente un consejo y encontrarse en un «circuito» de psiquiatría infantil biológica y comportamental sin saberlo, lo cual lamentan después. Otros, al contrario, conocedores del psicoanálisis, buscan a cualquier precio a un psicoanalista para su hijo, aunque este no lo necesite, y después de rechazos motivados y repetidos de psicoanalistas reputados, conseguirán encontrar a un psicoterapeuta para su hijo. Esta insistencia se entiende perfectamente cuando el niño hace todo lo posible para angustiarlos con síntomas banales y transitorios que no sufre realmente, pero que sabe perfectamente que bastan para que sus padres se preocupen por él: claramente, les está mandando un mensaje. Además, delante de los psicólogos, están muy bien. Podrían decirme que si el niño necesita llamar la atención hasta ese punto es que no está tan bien, y es cierto que algunos niños necesitan la psicoterapia para quejarse de sus padres. Pero me parece importante poner en marcha esta vía solamente cuando se han agotado las otras posibilidades, y primero la que consiste en escuchar a los padres, en hacer que no se sientan culpables y en servir como intermediario entre ellos y el niño, es decir, en realizar un verdadero trabajo de consulta.

□ ¿Y el niño?

El niño generalmente se amolda a la opinión de los padres, y es lo más normal. Del mismo modo, los padres aceptan la opinión del asesor psicoanalista que ha determinado si el niño necesita seguir una psicoterapia con las reglas y las obligaciones que ello supone. El trabajo del psicoanalista infantil es escuchar el sufrimiento del niño y responder a él de forma adaptada. Puede ser que el niño necesite esa atención cuando los padres minimizan sus trastornos. Es una situación poco frecuente y delicada: el analista debe convencer a los padres sin traicionar el secreto profesional. Afortunadamente, en la mayoría de los casos el niño consigue convencer a sus padres de que acepten el tratamiento, pero no es una situación fácil para él, y puede llegarse a reducir el tratamiento porque el pequeño paciente se siente demasiado culpable de ir en contra del deseo de sus padres. A veces, incluso, estos lo rechazan de forma ambigua, porque al principio pedían una asistencia y el niño se convierte en objeto de desacuerdo entre los padres y el terapeuta. A este último, impotente, le cabe esperar que su intervención, rechazada por los padres, no haya sido negativa para el niño.

De hecho, es más frecuente que el niño o el adolescente rechace el tratamiento aunque parezca estar justificado, o directamente la visita. En estos casos, decido ver a los padres solos porque, de hecho, este rechazo va dirigido a ellos. Es necesario escucharlos para comprender lo que rechaza el niño castigándose a sí mismo. A menudo, por ejemplo, el niño o el adolescente se siente culpable de agredir a unos padres demasiado amables y, aunque esté mal, prefiere provocarlos en búsqueda de un castigo que espera de ellos. Una terapia en estas condiciones es un lujo que no puede darse. En cambio, después de un trabajo de orientación de los padres, el niño suele aceptar la ayuda por sí mismo.

☐ **Cuando el niño dice a sus padres que quiere abandonar la terapia**

En ocasiones, durante la terapia, es posible que el niño refunfuñe por ir a las sesiones pero sin decir nada al terapeuta. Algunos padres, en estos casos, tienen el buen reflejo de contestarle: «Díselo tú mismo al psicólogo». Otros, al contrario, se apresuran a declarar al profesional delante del niño: «No quiere venir más» o «esta mañana hemos tenido que arrastrarlo para venir». Pero, como ya he dicho, si el niño no le ha dicho nada al terapeuta durante las sesiones, esta declaración le deja en una situación muy incómoda: ¿qué significa este comportamiento desdoblado? Ciertamente, podríamos pensar que el niño, tímido, no se atreve a decirle a su terapeuta que no quiere seguir más, pero este argumento no se aguanta si, hasta entonces, confiaba en él y decía todo lo que pensaba. Por mi parte, tengo otra hipótesis que casi siempre se me ha confirmado: de hecho, en cierto momento de la cura, el niño llega naturalmente a cuestionar a sus padres, o más bien la imagen inconsciente que tiene de ellos. Este proceso puede ser doloroso y difícil para él; entonces, pone a prueba a sus padres para comprobar realmente su deseo de que él siga la terapia. Además, diciéndoles que quiere dejar de ver al especialista les demuestra que les prefiere a ellos antes que a ese extraño que quiere saberlo todo. Por eso, cuando puedo, explico a los padres esta prueba a la que los hijos los someten y les pido simplemente que le digan: «Puedes hablar de nosotros y de lo que sucede en casa». Esto suele aliviar al niño, porque después deja de hablar de abandonar la terapia.

Un trío difícilmente armonioso: padres, terapeuta, niño

Nunca me cansaré de repetirlo: las dificultades de la psicoterapia infantil tienen que ver menos con la propia psicología del niño que con el hecho de que es dependiente de su entorno familiar. El tratamiento individual del niño, si es necesario, implica (como el sistema escolar) una separación de la familia. Esta separación es moral: el niño debe sentirse con derecho a hablar con el especialista sin que este rinda cuentas a sus padres. En este sentido, existen dos modelos históricos de psicoterapia infantil que se pueden comparar de forma caricaturesca.

Los representantes del primer modelo, convencidos de que el niño puede desear curarse mediante la palabra (lo cual es bastante frecuente) y de que es posible realizar con él un verdadero psicoanálisis, han aplicado el marco del análisis de adultos a los niños (excepto el pago, naturalmente), es decir, cuatro sesiones de cincuenta minutos a la semana, sin ningún contacto con los padres. Aunque este marco haya podido mantenerse en el caso de algunos niños, en la mayoría de los casos choca con dos tipos de obstáculos. En primer lugar, el elevado número de sesiones y la obligación de decir «todo lo que pase por la cabeza» (la llamada regla de asociación libre) no es adecuado para ciertos niños. Uno de ellos me decía: «Hay cosas que me gustaría comprender a mí solo. Hay cosas que nos quedamos para nosotros. Necesito tu ayuda pero no para todo». Como su padre era psicoanalista, le pregunté la diferencia entre lo que podía comprender con él y conmigo: «A papá lo conozco muy bien, lo conozco desde hace ocho años y además trabaja todo el día. Tú estás para explicarme lo que debo hacer, por ejemplo si un día papá se electrocuta arreglando algo». Distinguía bien el tiempo que su padre no tenía y que él le reclamaba inconscientemente y mi función cualitativa de explicación o de interpretación.[29]

Además, cuando la psicoterapia es eficaz, moviliza el inconsciente de los padres, que reaccionan y piden explicaciones al terapeuta del niño. En este caso, un rechazo de su parte será mal tolerado, y ello en detrimento del niño. En cambio, otros analistas, representantes del segundo modelo, estudian la petición de los padres antes de ver al

---

29. Véase en el capítulo 7, pág. 177, el caso de Ramón.

niño. Esto, a veces, requiere tiempo y puede terminar en la anulación del tratamiento, porque estas entrevistas familiares lo han diluido. De hecho, el síntoma del niño suele ser el del grupo familiar. Es así en el caso de las cóleras, por ejemplo. Como escriben Marie-Cécile y Edmond Ortigues, «el tartamudeo es el medio utilizado por Martín para protestar contra el funcionamiento agobiante de la familia... Resiste a las amenazas de la madre relativas a su tartamudeo sin hacerse tachar de desobediente. A veces, el síntoma puede ser la señal de una identificación con los padres: la tos mensual de Jorge después de una vacuna coincide curiosamente con la regla de su madre, y desaparece cuando esta toma conciencia de ello».[30] Por una parte, sin embargo, parece difícil poner de acuerdo a los padres previamente (como sostienen los analistas) sobre un tratamiento que no los sorprenderá y, por otra, la demanda del niño que está sufriendo puede quedar en segundo plano, detrás de la del grupo familiar.

Actualmente, la mayoría de los psicoanalistas infantiles mantienen una actitud simple y dialéctica entre estas dos posiciones, sea cual sea la escuela psicoanalítica a la que pertenezcan. De todos modos, confiar a nuestro hijo a un psicoanalista implica dejarle la libertad de hablar. Esta separación moral de la que he hablado requiere una cooperación entre padres y terapeuta con total confianza. En principio, los padres que nos traen a su hijo están de acuerdo con este contrato. En la realidad, sin embargo, a veces es un poco difícil.

Marta, de 16 años, viene a mi consulta con sus padres por unas crisis con pérdida de conocimiento y un comportamiento extraño: amenaza con fugarse o con mutilarse con unas tijeras en plena clase, por ejemplo. No solo se somete a psicoterapia

---

30. Marie-Cécile y Edmond Ortigues, *Comment se décide une psychothérapie d'enfant* (Cómo se decide una psicoterapia infantil), Denoël, 1986, p. 56.

sino que sus crisis han dado lugar a hospitalizaciones repetidas que no han revelado nada orgánico. Así pues, propongo a los padres sesiones de psicodrama individual (véase el capítulo 1) en una unidad de psiquiatría infantil de París. Cuatro sesiones bastarán para demostrar que el problema de Marta se debe a una difícil separación de sus padres, en concreto de la madre. ¿Cómo es posible?, me dirán. Pues bien, los únicos temas evocados por ella son la falta de ideas debida a que la madre, preocupada, exige después de todas las sesiones saber todo lo que se ha dicho, con el objetivo de «comprender» a su hija. Interpretamos esta escena repetitiva inventando todo tipo de situaciones (sala de espera, trayecto en coche después de la sesión), donde podrá manifestarse esta influencia materna. Al cabo de estas cuatro sesiones, cuyo contenido será retomado con la terapeuta, Marta está «curada» en el sentido de que ya no tiene crisis. Pero lejos de quedar satisfechos, los padres piden una consulta sin Marta, a lo cual me niego educadamente. Y delante de ella me transmiten toda su incomprensión: ciertamente, Marta está mejor pero ¿por qué? Dicen que vinieron por ellos, olvidando el trastorno grave de su hija y la angustia que les causaba. ¿Por qué no responderles? Simplemente porque la propia Marta no lo hizo, seguramente sintiéndose culpable de su deseo inconsciente, totalmente comprensible, de autonomía psíquica.

Esta incomprensión pocas veces suele ser tan grave. En general, los padres comprueban la mejoría, se hacen preguntas y a veces aceptan una orientación cuando quieren ir más lejos (véase el capítulo 6). Pero, a menudo, al cabo de algunas sesiones satisfactorias, dicen al terapeuta que les gustaría tener un «intercambio». ¿De qué tipo de «intercambio» se trata? ¿Consiste en traducir en lenguaje especializado lo que expresa el niño? ¿Son más bien consejos? No, de nuevo creo que los padres se sienten culpables, es decir, responsables de los trastornos del niño, y que es esta culpabilidad la que intentan aliviar con la ayuda de la persona que ha podido descubrir su influencia sobre el niño. Este trío formado por padres-terapeuta-niño a veces está desequilibrado: es como si cada cual buscara una justificación en el terapeuta. Este suele ocupar la posición de árbitro en los conflictos entre los padres en el ámbito educativo, o entre padres e hijo: mientras continúe como asesor, es decir, recibiendo a padres e hijo sin tratar a este último individualmente, aún puede manejar la situación. Pero cuando el niño sufre, es consciente, reclama ayuda, y el terapeuta se propone escucharlo, el papel de los padres se vuelve problemático. Sus preguntas, sus ansiedades relacionadas en ocasiones con el propio tratamiento los llevan inevitablemente a recurrir al terapeuta, lo cual crea inexorablemente interferencias. Por ello suele ser útil transformar este trío en cuarteto, es decir, separar los roles de asesor y de terapeuta, donde el asesor permanece a disposición de los padres y el terapeuta se encarga del niño. Desgraciadamente, esta configuración no siempre es posible, porque ambas funciones solo pueden ser asumidas por una persona (en el sector privado, por ejemplo), porque los padres quieren hablar a cualquier precio con el terapeuta y con nadie más (a veces es imprescindible) o porque el niño está, como suelen estar los padres, muy unido al asesor que considera como un terapeuta. Como vemos, no es nada simple, así que intentaré ilustrarlo con algunos ejemplos.

☐ ¿Los padres o el niño?

En ocasiones sucede que el trabajo en la consulta aporta suficiente mejoría sin que el niño necesite realmente un tratamiento individual. El hecho de ver a los padres solos, y después con el niño, posteriormente el niño solo, y luego con los padres, por ejemplo, basta para desbloquear la situación. El terapeuta hace el papel de tercera persona y escucha a todas las partes con el máximo de objetividad posible. Evitará establecer una relación simplista de causa-efecto entre lo que le dicen los padres y el comportamiento del niño, aunque, y sobre todo, parezca evidente. La causa real, sea cual sea, está metabolizada en el psiquismo del niño, y le corresponde a él encontrar su rastro con la ayuda del terapeuta. Por lo tanto, cuando aquel revela un sufrimiento o una petición de terapia, más allá del conflicto con los padres, el asesor que ha permitido este contacto y que no puede dirigir al niño a otro especialista está incómodo. ¿A quién priorizar? ¿Al niño? ¿A los padres?

> Juan, de 5 años y medio, está en último curso de preescolar y es muy revoltoso en clase. De hecho, es un niño encantador e insoportable a la vez: puede ser muy amable, educado, sonriente, y al segundo siguiente ser colérico, insolente y terco. También es muy caprichoso; por ejemplo, come solo en su mesita mirando la tele y, cuando se le dice algo, contesta: «Si no te gusta, me largo». Hijo único, pide una hermanita o un hermanito, y pregunta a sus padres si hacen el amor y cuándo. En la escuela tuvieron a una inspectora externa y, ante el desconcierto de sus padres, le dijo: «He hecho el amor con mi jirafa». Exige un reloj nuevo, cuando ya tiene tres, y promete a su padre que lo matará si no acata sus deseos. Aparte de esto, tiene muchos miedos (fobias): miedo a la muerte, a los perros, a la oscuridad. Tiene pesadillas desde que en una fiesta vio a un grupo folclórico con zancos.
>
> Aunque pueda ser adorable (a veces abraza a su madre y le dice «mamaíta» o juega con su padre durante horas), conmigo confiesa de entrada: «Soy insoportable, mis compañeros me ponen de los nervios». Rechaza el juego de rol que le propongo para pedirlo posteriormente delante de sus padres. Derivado del psicodrama, el juego de rol puede realizarse de dos en dos: el terapeuta propone al niño interpretar un papel distinto al suyo (el doctor, su padre, etc.) mientras que él interpreta al niño con

su supuesta problemática. Un poco más tarde, por ejemplo, interpretará conmigo a un doctor escuchado por su hijo pero que discute con su mujer, de manera que el «doctor», sin ningunas ganas, castiga a su hijo con unos azotes. Los padres, como es de imaginar, están completamente desbordados, pero sobre todo están en total desacuerdo en cuanto a la educación se refiere: la madre mima a su hijo todo lo que puede y el padre no consigue imponer su autoridad, y ella recurre a él cuando la situación la supera.

Evidentemente, este problema educativo revela cierta falta de entendimiento en la pareja, un desequilibrio entre los roles paterno y materno, lo cual era responsable en gran parte de la patología (fobias, cóleras, caprichos, cabezonería). Por ello debe ayudarse a los padres a resolver este problema antes de plantear cualquier tratamiento. De hecho, el ambiente actual de nuestra época (centrado en el niño), la importancia del papel de la madre (con más «psicología» que el padre, en general), la culpabilización de los padres (obligados a ser madres bis)...todo contribuye y fomenta este desequilibrio. Sin embargo, algunos consejos de sentido común[31] suelen bastar para mejorar las cosas, que, de lo contrario, tenderían a empeorar y sobre todo a hacer inútil cualquier tratamiento.

Por otro lado, Juan manipula tanto a sus padres y a sus abuelos que están desbordados. El rechazo del niño (a veces muy grave) planea en el horizonte. «Se ríe de nosotros, nos contesta, se burla y dice que le da igual. Se está convirtiendo en un vicio», se quejan. La madre, como hemos visto, mima a Juan: tiene una mejor situación que la de su marido y una profesión más «intelectual». Cuando comprenda que su marido también es el padre de su hijo y que, por lo tanto, debe respetar sus decisiones, todo irá mejor. El padre, despreciado por la maestra que le encontraba «tímido», le espeta: «¿Cómo quieres que

---

31. Véase P. Delaroche, *Parents, osez dire non* (Padres, atreveos a decir no), Albin Michel, 1990.

enseñe a Juan la frustración si no dejas de comprarle cosas?». A medida que Juan va mejorando, los problemas se van concretando: hasta al cabo de un tiempo la madre no me confiesa que quiere tener otro hijo pero que su marido no lo desea. Un día, el niño me dice que ha hecho esfuerzos en vano y acepta finalmente el psicodrama individual que le propongo, un tratamiento particularmente indicado para él. Este psicodrama nos permitirá (a los coterapeutas que me ayudan a interpretar las escenas y a mí) reconstituir lo que sucede, no en la realidad (que siempre se nos escapa), sino en lo que para Juan representa su propia realidad. A partir de lo que propone para jugar y lo que dice en el juego, entendemos su psicología. Así, por ejemplo, lejos de ser el niño desobediente que creíamos conocer, Juan se revela, en el rol de padre, por ejemplo, a la vez severo, aplicador de principios y conciliador. Desde entonces, su mejoría progresa a gran velocidad, y sus resultados escolares son cada vez más brillantes.

¿Qué responder, entonces, a los padres que hasta entonces estaban acostumbrados a que se los recibiera y se los escuchara? De hecho, piden mucho menos y están muy agradecidos de los progresos de su hijo. Además, el trabajo previo con ellos bastó para que comprendieran lo que puedo hacer con él. Desde entonces, hacemos balance esporádicamente en presencia de Juan.

Este caso, bastante corriente, es ideal, aunque la articulación de las visitas con el tratamiento individual no siempre es tan armónica.

☐ El niño seguido solo sin intervención de los padres

Es posible tratar a un niño solo, sin ver a los padres. Es lo que sucede en los centros, por ejemplo, cuando el asesor sigue viendo a los padres y manda al hijo con otro terapeuta. En la práctica, y particularmente en consulta privada, si el niño es objeto de psicoanálisis, los padres reaccionarán un día u otro a las modificaciones que el análisis de su hijo provoca en el equilibrio familiar. Acostumbro a decir que la terapia de uno de los miembros de la familia introduce simbólicamente a un nuevo miembro. Este nuevo miembro es tanto más importante porque es invisible, imperceptible y mudo. Los padres, por ejemplo, no van a dirigirse del mismo modo a su hijo sabiendo que puede repetir lo que dicen a una tercera persona (lo mismo sucede, por otro lado, cuando uno de los dos cónyuges es psicoanalizado). Además, la evolución del niño puede angustiar al padre, porque desvela elementos de su vida que creía haber olvidado. Entonces, no tiene más recurso que ir a ver al terapeuta, sobre todo si piensa que esta evolución puede ser perjudicial para el niño. Según Maud Mannoni,[32] no debemos preguntarnos si los padres van a intervenir o no sino cuándo, y el analista del niño, y solo él, es el que deberá adaptarse evitando dejar de lado elementos esenciales.[33]

Por estas razones, desde sus comienzos en Viena, el análisis infantil a menudo solo se ha considerado posible cuando los propios padres eran analistas o pacientes en tratamiento psicoanalítico. El caso de Ramón (pág. 177) lo ilustra bien.

☐ **Los padres seguidos sin el niño**

En ocasiones sucede que los problemas del niño o del adolescente parecen mínimos, sobre todo como reacción a una patología de los padres. Cuando digo patología es que los propios padres son conscientes de su problema, pero no

---

32. Fundadora de la escuela experimental de Bonneuil y del Espacio Analítico (asociación de estudios e investigaciones psicoanalíticas).
33. Maud Mannoni, *L'Enfant arriéré et sa Mère* (El niño atrasado y su madre), Le Seuil, 1981.

pueden, no quieren o no intentan resolverlo por sí solos, sino en función de sus incidencias sobre el niño. Puede tratarse, por ejemplo, de una depresión crónica, una enfermedad psiquiátrica equilibrada o un duelo no realizado. Se trata, pues, de tener las cosas claras y de no tratar al niño si realmente no lo necesita, a riesgo de cargarle un poco más con las proyecciones de los padres.

> Matías, de 12 años, perdió a su madre en condiciones dramáticas. Desde entonces, Matías está enfadado con los médicos, tiene reacciones violentas en el momento de acostarse, da golpes contra los muebles de su habitación e insulta a su padre. Este está preocupado porque Matías parece negar el fallecimiento de su madre y quiere irse de vacaciones con ella. Ha multiplicado sus atenciones para con su hijo, según me dice más tarde, incluso lo espía y controla sus reacciones. En dos palabras, no soporta que sufra y no le deja realizar su duelo. Un hecho banal lo ilustra: por la noche, a Matías le gustaría quedarse solo en su habitación, pero su padre se queda plantado allí, lo cual explica sus insultos. De hecho, el niño pretende conservar un lugar privilegiado y me dice que su padre se niega a pensar en otra mujer. «Además —añade— no me gustaría.» Propongo al padre verlo solo, lo cual acepta diligentemente porque es a él a quien le cuesta hacer el duelo de su mujer, por razones complejas de las que finalmente podrá hablar.

En este tipo de casos, el trabajo con los padres conlleva a menudo mejorías espectaculares en el niño, aliviado de que estos «hablen con alguien». Pero la patología paterna se suele manifestar por una debilidad culpable con relación a las prohibiciones educativas y una falta de autoridad anormal, lo cual exige más que simples consejos, es decir, una orientación en toda regla (véase el capítulo 6).

Tomás, de 8 años, presenta una verdadera adicción a los videojuegos. Su madre es pediatra y su padre médico de cabecera, y es el mayor de tres hijos. Ha tenido problemas desde su nacimiento: los cólicos llamados de los tres meses (porque cesan cuando madura el sistema nervioso) debidos a la ansiedad materna, dificultades a la hora de regular el sueño y múltiples otitis. Cuando lo veo solo, sabe perfectamente cuál es mi papel: «Eres un doctor que habla con los niños para ver qué problemas tienen. Mis padres están hartos de que no deje de jugar con los videojuegos cuando debo hacerlo». Y él está harto, añade, de que le castiguen por eso. No hay nada realmente patológico, aparte del hecho de que la falta de autoridad de los padres exacerba en él el sentimiento de frustración, contrariamente a lo que podría creerse. La madre confiesa que tiene problemas sobre todo con ella misma y que encuentra a su marido demasiado colérico. Este hijo la acompañó durante tres años («Lo tuve tres años yo sola») porque su marido sólo venía los fines de semana. Reconoce abiertamente su debilidad hacia él, el hecho de culpabilizarse y de no haber tenido crisis de adolescencia. También está de acuerdo con que esta fijación por Tomás no arregla nada. Este declara: «Estoy harto de esta familia». Después de lo que me ha dicho, no quiere verme más y con razón. Por eso, le propongo a su madre una orientación, que acepta aliviada.

La actitud de la madre de Tomás conlleva lo que los terapeutas familiares llaman una *parentificación*: el niño cuya aprobación se solicita constantemente se encuentra colocado en un rol de padre. Este esquema suele reavivarse en la adolescencia, como vemos en el caso de Adrián.

La señora X es una mujer fuerte. Harta del conflicto incesante de Adrián con su padre, los llevó la otra tarde a ambos a urgencias en Sainte-Anne.[34] Sin ninguna dificultad, el joven de

---

34. Hospital psiquiátrico de París.

16 años me explica que exaspera a su padre, pero que en general «se detiene justo en el momento justo». La vez que fueron a urgencias, no estaba nervioso, como le dijeron. «Le dijeron» se refiere a su madre y a él, y el padre hace la figura de niño. Tiene un hermano, muy distinto a él, que piensa como su padre que él siempre se alía con su madre pero, según Adrián, ambos se equivocan. En pocas palabras, Adrián está perfectamente, tiene muchos proyectos y muchos amigos. Solo la madre reconoce que «desde que era pequeño, le ha pasado por alto demasiadas cosas» y que «la exprime hasta los huesos» *(sic)*. El padre lo adora y lo admira, pero es rechazado cuando quiere ayudarlo. En este caso, también hay algo torcido: Adrián le reprocha, por ejemplo, haber hecho mal una tarea de bricolaje. Y cuando el padre emite tal reserva, le pone mala cara. Evidentemente, el lugar de Adrián en la familia es a la vez principesco y poco envidiable. La actitud de sus padres deriva de unas relaciones muy difíciles que ellos mantuvieron con sus propios padres, de lo cual aceptarán hablar en las sesiones de orientación.

Finalmente, aunque la lista no esté completa, muchos padres consultan por sus hijos en el momento de una separación o de un divorcio, temiendo con razón por su descendencia. Pero también sucede que el niño viene a la consulta con un problema conyugal de los padres de trasfondo.

Tristán, de 5 años, es enviado por su maestra porque cree que «no habla bien». Es hijo único y tuvo algunos problemas en la primera infancia. Deja hablar a su madre y vuelve furioso (!): esta me describe cómo Tristán se desliza subrepticiamente en la habitación de los padres bajo el pretexto de tener pesadillas. Llama a su madre por su nombre. Decido ver al padre, que no le encuentra problemas, juega mucho con él y lo considera como un compañero; además, tiene exactamente el mismo defecto de pronunciación que su hijo. Según él, su mujer no lo escucha en absoluto y le impide castigarlo, sobre todo delante de extraños («¡Llamas demasiado la atención!»). La madre me describe después a un marido extraño que la insulta. Le gustaría vivir más cerca de sus padres. Desde hace tiempo no mantienen relaciones sexuales y lo único que les mantiene juntos es la participación en una misma coral. Desgraciadamente, no vinieron a la cita de asesoramiento conyugal que les propuse.

Cabe destacar, en especial en este último ejemplo, cuán sensible es el niño ante el problema de los padres. Si el niño se desliza en su habitación es para ir a comprobar que siguen juntos.

☐ Padres e hijo seguidos por separado

Último ejemplo: los problemas de los padres y del hijo requieren un seguimiento particular. El asesor envía a los padres a la orientación y al niño a terapia, ya que cada uno de ellos necesita una atención individual y no solo en familia.

> Víctor, de 10 años, ya fue tratado de pequeño durante varios años. Su madre me lo trae por el motivo siguiente: «Tiene un gran dolor adentro y una gran impaciencia, responsable de sus arrebatos verbales y físicos». La manera en que formula esta demanda constituye todo un programa de tratamiento. La razón de los trastornos de comportamiento ya ha sido identificada y explica el círculo vicioso en el que probablemente se encuentra la madre: no se riñe a un niño agresivo porque sufre. Víctor es el hijo único de unos padres que provienen de un linaje conocido y que son incapaces de entenderse debido a sus problemas personales: están separados. Sabe que ayudo a los niños «mediante palabras». Es tan desconfiado que tengo que ganarme por completo su confianza. Después me entero por su madre de hasta qué punto es violento con ella, la trata de

todo menos de bonita y le tira las cosas a la cara. El padre acepta venir para decir que Víctor es un niño-dios en casa, que no le ponen ningún límite. Dice estar muy unido a este niño del que se ocupa como puede, porque vive en el extranjero. Él también tuvo una infancia difícil. Justo después, se van de vacaciones y todo va muy bien: sin embargo, vuelve antes de lo previsto de la estancia en el extranjero en casa de los abuelos paternos. Las crisis continúan produciéndose, pero más espaciadas. Iniciamos la orientación de la madre y el psicodrama individual, muy indicado en estos casos. En ocho meses, el niño ha cambiado: «Mamá dice que el psicodrama ha ayudado mucho. Sé que he cambiado, pero no sé cómo».

Lo visito más adelante, y Víctor confirma sus progresos. De hecho, participó en el psicodrama, pero a menudo fue necesario situarlo, repetirle las reglas, porque si no hacía el tonto. Con este comportamiento, el niño nos pone a prueba: ¿vamos a enternecernos con su sufrimiento (como la madre) o le propondremos que sea él mismo quien ponga remedio con nuestra ayuda? Este es el principal interés de los tratamientos psicoterapéuticos en niños que, cuando están bien indicados, los convierten en un elemento activo de su curación. Sin embargo, este tratamiento no habría sido posible si la madre no se hubiera hecho cargo de la situación, sin lo cual el círculo vicioso que había conducido a la dramática situación anterior se hubiera podido prolongar.

6

Un tratamiento indirecto: la orientación de los padres

¿A qué se refiere el término *orientación*? Consiste en una práctica muy particular: hacer un seguimiento a los padres, pero no en lo que les concierne a ellos sino en la relación que mantienen con su hijo o su adolescente, que puede estar o no siguiendo una psicoterapia. No se trata, pues, de curar a los padres, aunque muchos adolescentes a los que se les dice que los padres también se visitarán no pierden la ocasión de proponerlo bromeando. Todavía menos se trata de rendir cuentas a los padres sobre la psicoterapia que sigue su hijo con otro terapeuta. Esta práctica está orientada a conocer, con las palabras de los padres, la incidencia de la psicoterapia en la vida familiar, para medir así la eficacia del tratamiento y prevenir las posibles repercusiones.

Acostumbro a presentársela a los padres de un modo que a veces les sorprende. Les explico que los psicoterapeutas novatos hablan de sus casos con un veterano con más experiencia. Esta fórmula forma parte, además, de los programas de formación de todos los psicoanalistas y se conoce como «control». Les indico que, igual que estos terapeutas trasladan al psicoanalista supervisor las palabras que el paciente les dirige, ellos también pueden informarme a mí de los hechos y de los actos de su hijo o adolescente. Un día que explicaba esta manera de presentar la orientación a unos psiquiatras, creyeron que utilizaba a los padres como terapeutas auxiliares. Nada más lejos de la realidad.

Tanto si sigue una terapia como si no, el niño mantiene unas relaciones privilegiadas con sus padres. Estos suelen verse atrapados en una red de demandas y de reproches a veces contradictorios, sobre todo con los adolescentes, de la que no logran salir. El adolescente rechaza a veces la psicoterapia, en cuyo caso es imprescindible responder a su sufrimiento, y el que se manifiesta aquí es el de los padres. Hablando con un terapeuta, sobre todo cuando este conoce a su hijo, toman distancia y se dan cuenta de su implicación y de sus contradicciones. Esta orientación basta en ocasiones para calmar el ambiente y restablecer el diálogo.

Si el adolescente o el niño está bajo terapia, el problema no varía mucho. Al seguir la regla de decirle al terapeuta «todo lo que pasa por la cabeza», este se convierte en un nuevo personaje de la familia: el terapeuta es tomado como testigo por el paciente y le hace sentirse más fuerte. Además, más allá de este aspecto superficial, las modificaciones introducidas por el proceso psicoterapéutico provocan un cambio (aparente) de personalidad en el interesado: el equilibrio familiar va a verse alterado y los padres pueden tener la tentación de hacer desaparecer el efecto perturbador interrumpiendo la psicoterapia. Es importante que puedan hablar de ello con un interlocutor que les permita ver las cosas con mayor claridad. Esta mirada o esta escucha se parece mucho a la del psicoanalista supervisor que escucha a su joven colega.

Es una atención neutra y benévola que los padres valoran y que enseña mucho sobre la psicoterapia y los psicoterapeutas.

Una forma de psicoterapia

Sin serlo realmente, la orientación se parece a una psicoterapia, pero una psicoterapia que limita en teoría su interés a la relación de los padres con el niño o el adolescente. Esta limitación, evidentemente, es formal. Como veremos, los padres revelan verdades y secretos fundamentales para la continuación de la cura, pero estas confidencias están relacionadas con el problema del niño. Finalmente, la periodicidad de la orientación (una vez cada quince días, una vez al mes, etc.) impide que pueda representar una terapia enmascarada. Sin embargo, puede dar lugar a verdaderas asociaciones de ideas, incluso al análisis de sueños vinculados con la relación familiar.

☐ No es una terapia de pareja

Tampoco consiste en tratar a la pareja. Sin embargo, es evidente que la demanda de consejos educativos cuestiona en primer lugar el papel de los padres y su armonía. Pero la orientación no se inmiscuye nunca en la relación íntima de la pareja, igual que el asesor no debería preguntar a los padres sobre sus relaciones personales. Dicho esto, la orientación exige respuestas sobre lo que aporta cada uno de los padres al niño. Esta demanda de respuestas es bien aceptada porque suele llevar a un diálogo que se ve facilitado por la presencia de una tercera persona, diálogo imprescindible para el equilibrio del niño, como veremos.

☐ No es una terapia familiar

La terapia familiar implica en principio que todos los protagonistas estén presentes. La pareja de terapeutas que escucha a toda la familia espera que cada uno de los miembros explique cuál es su papel, aparte de demostrarlo con su comportamiento. Los terapeutas podrán así comprobar con sus propios ojos lo que sucede en la familia: el rechazo de tal miembro por todos los demás, por ejemplo, o el apoyo implícito de algunos hijos a una madre depresiva... Los ejemplos son interminables. En la orientación, en cambio, el terapeuta (uno solo) escucha lo que dicen los padres e intenta hacerles tomar conciencia de lo que piensan inconscientemente de tal hecho o de tal actuación de su hijo o de su cónyuge.

◻ El principio no es dar consejos

De hecho, a falta de conocer los consejos que el terapeuta da al niño o al adolescente, los padres suelen esperar recomendaciones por parte del asesor, poco indicado para hacerlo (porque es juez y parte). Cuando, afortunadamente, ha habido una consulta previa a la terapia, el terapeuta puede enviar a los padres al asesor, más indicado para ofrecerles esta orientación. De hecho, él ya ha visto al joven paciente y a sus padres, lo cual permite aconsejarlos. A menudo, estos creen o simulan creer que el asesor está al corriente de la terapia y que los guía en función de lo que sabe.

En realidad no es así; más bien, esta relación entre asesor y terapeuta es lo suficientemente buena y confiada como para basarse en un mínimo de señales y de estereotipos conocidos sin que sea necesario entrar en detalles. Es lo que explico a los padres: el terapeuta me dirá en qué fase se encuentra o si todavía no ha abordado el proceso, por ejemplo.

Los padres lo entienden muy bien. Cuando se les dice que no se les darán consejos, empiezan a hablar en confianza. Ello es deseable por las razones siguientes:

1. Los consejos no sirven de nada: el padre que pide consejo, en el 90 por ciento de los casos, tiene una idea en

la cabeza y busca su confirmación. Si el terapeuta que practica la orientación cede en ese momento a su petición, seguro que no acertará con la respuesta.

2. Aunque se den, los consejos no se siguen casi nunca. Tranquilizan a los padres durante la visita pero después caen en el olvido.

3. Si en lugar de consejos procedentes del exterior se explica a los padres que el mejor consejo vendrá de ellos mismos y de lo que ellos piensan, su cooperación y el resultado de su sinceridad nos colmarán.

Una excepción serían los consejos relativos a la autoridad, la cual, de hecho, no entra directamente en el registro psicoanalítico y su equilibrio entre los padres puede restablecerse de forma provechosa.

Una relación de confianza: confidencia y culpabilidad

La regla de la psicoterapia (como la del psicoanálisis) no consiste en «decirlo todo» sino en decir «todo lo que pase por la cabeza durante la sesión». A pesar de esta importante restricción, esta condición es muy difícil de mantener y plantea problemas espinosos, sobre todo en psicoterapia infantil. «¡Pues no se lo cuentes todo!», dice por ejemplo un padre preocupado por lo que su hijo podría explicar sobre sus conflictos conyugales. Y, en cierto modo, es comprensible. Desgraciadamente, como le recordó su hijo, es imposible.

Ya desde la primera visita, los padres que «lo dicen todo» son poco habituales. Se ven obligados a consultar con un «extraño» porque el síntoma de su hijo les empuja a hacerlo. Muchas veces dudan por miedo a las preguntas indiscretas. Entonces, se conforman con una medicación o cualquier tratamiento que asuste menos que la psicoterapia. Cuando vienen a ver al psicoanalista es porque no pueden hacer otra cosa y porque están decididos a poner las cartas sobre la mesa.

A pesar de ello, no van a decir todo lo que saben ni lo que piensan al primero que se encuentran, aunque sea un especialista. Esta actitud puede estar motivada, al menos, por dos razones relacionadas entre sí:

1. *Porque no piensan en ello.* Permanecen centrados en el trastorno del hijo y no se imaginan que exista una relación entre este y tal acontecimiento familiar, que, además, han olvidado. Sin embargo, son sinceros cuando el profesional les pregunta si hay problemas en la familia y responden con total franqueza que no.

2. *Porque piensan demasiado en ello.* Los padres llevan el peso de una historia muy dura, incluso dramática. Esto les obsesiona y, a menudo, si no hablan de ello, es porque imaginan que podría tener consecuencias sobre su hijo. Entonces, como solemos ver en la consulta, se ponen en marcha unos procesos inconscientes de defensa que conducen no al olvido (los acontecimientos están demasiado presentes), sino a la separación (lo que los especialistas llaman división) de las ideas, justamente porque conscientemente han relacionado los trastornos del niño con su problema.

Estas actitudes de los padres, totalmente normales (hay que dejarlo bien claro), en absoluto impiden la psicoterapia del niño y forman parte de los problemas a los que nos veremos confrontados. Por ello la orientación es tan útil, porque no solo permite la continuación de la psicoterapia y evita reacciones intempestivas relacionadas con las revelaciones del niño sobre el equilibrio familiar, sino que también ayuda a los padres a ser conscientes (como los psicoterapeutas novatos) de las actitudes que provocan sus explicaciones personales y sumarias sobre los trastornos de su hijo.

Como cualquier psicoterapia, y a su manera esta es una, a pesar de las diferencias considerables en cuanto a periodicidad y contenido, la orientación de los padres exige cierta confianza, y la confianza se gana. Cuando el niño está mejor, cuando los padres están seguros de no ser juzgados, entonces es cuando desvelan sus secretos y, en cierto modo, está bien que sea así. Si lo hubieran hecho antes, quizás hubieran provocado una interpretación demasiado rápida del psicoterapeuta: todavía no existe relación directa de causa-efecto (la falta de entendimiento de los padres y el empeoramiento del rendimiento escolar, por ejemplo); la «causa» de las dificultades debe ser encontrada por el propio sujeto e, idealmente, no debe esperar una explicación externa.

Una madre enfermera está preocupada por el comportamiento de su hijo Fabián, de 7 años y medio, que está en segundo: toma cuchillos de la cocina, coge comida de forma extraña, etc. Viene porque es muy lento, lo cual repercute considerablemente en su trabajo escolar. El padre, por su parte, se queja de que ella cede ante todos sus caprichos y de que está encima suyo para que haga los deberes mañana y noche. Al cabo de cierto tiempo, la madre me dice que el padre no soporta que Fabián duerma con la muñeca de su hermana. «No eres una niña», profiere. Fabián se hace el loco en clase y le dice a su madre: «Si me cambias de escuela, me mataré». Un poco más tarde, me entero de que el mejor amigo del padre murió de sida. Desde entonces, el padre se pasa todo el tiempo y casi todas las noches jugando a videojuegos. Desconozco la relación entre una cosa y la otra, pero con lo que Fabián dice en el psicodrama y lo que sus padres cuentan en las visitas de orientación, la mejoría es bastante rápida.

Tomás, de 15 años, viene porque es «vago en clase». Está en cuarto de secundaria y ha realizado varios test que han demostrado que es inteligente. Su padre es empleado de banca y su madre oftalmóloga: ella piensa ser el sostén de toda la familia, moral y materialmente. Adora a Tomás pero lo niega. No se atreve a decir que le aporta el cariño que su marido no le da. O más bien lo dirá a lo largo de las sesiones. Él es un señor simpático, deportista, cuya falta de psicología es una manera de evitar el poder de las mujeres: su madre siempre fue intrusiva y prefiere ignorar los argumentos que se la recuerdan demasiado. El comportamiento de Tomás mejorará mucho con pocas sesiones de psicodrama individual y su madre seguirá con las visitas de orientación mucho después del final de las sesiones.

Ana ha vivido indirectamente un drama familiar: su abuela mató a su abuelo y fue absuelta. Pero otro drama es seguramente responsable de su inmensa timidez y de su bloqueo escolar. Mucho después conoceré que los padres tienen unas discusiones colosales. Se acusan de los peores males, pero sin embargo tienen buena voluntad y su situación va mejorando cuando se visitan por separado. Al principio no me hablaron de esto aunque, en el fondo, no me hacía realmente falta. La pequeña podía decírmelo y, de todos modos, ella pedía venir por sí misma. Si lo hubiera sabido antes, quizás me hubiera impedido comprender realmente a Ana.

El caso de Pedro es aún más sutil. Sus padres son gente simpática. Él es farmacéutico y ella trabaja en el sector inmobiliario. Sufrieron una conmoción cuando Pedro, de 15 años y medio, estando internado, fue pillado con unos amigos robando coches. De hecho Pedro, que repitió cuarto de secundaria, se dejó llevar porque estaba deprimido, sin saberlo, debido al alejamiento de su familia en plena adolescencia. Este acto marcará una etapa muy importante para él y será única, como suele suceder.[35] No obstante, visito a menudo a los padres, aunque sólo he visto a Pedro dos o tres veces y no

---

35. Véase Patrick Delaroche, *Adolescents à problèmes* (Adolescentes con problemas), de la misma colección.

comprendo muy bien la «dinámica familiar». Me falta alguna explicación. Un día, la madre me cuenta su infancia.

Creció en un entorno protestante muy rígido, del que se alejó más o menos gracias a su marido. Pero la «herencia» pesa mucho: lo que Pedro hizo es impensable, y hubiera preferido que hubiera muerto (y esto se lo dijo a él). Esta actitud corresponde a lo que los psicoanalistas han aislado como instancia inconsciente prohibitoria con el nombre de *superego*. Según Freud, el superego se transmite de generación en generación sin cuestionamiento por parte del interesado. Está claro que esta madre no pensaba realmente lo que dijo, pero lo dijo a pesar suyo y no puede dejar de pensar que esta actitud pudo influir en la crisis de adolescencia de Pedro.

Los padres de Julián pertenecen a un entorno familiar aparentemente muy desahogado. La madre era auxiliar médica «por vocación» y no dejó de trabajar hasta hace poco para «cuidar a sus hijos». El padre se quedó huérfano muy joven y su abuelo era un hombre prestigioso. Julián tiene unos arrebatos de violencia incomprensibles, pero fuera de esto es encantador. Con 12 años, cursa primero de secundaria en una escuela privada pagada por la abuela paterna. Ha realizado varias psicoterapias sin éxito. En cambio, las sesiones de psicodrama han sido muy provechosas: muestran cómo Julián intenta apañárselas solo sin la ayuda de sus padres. Las interrumpimos al cabo de poco, porque Julián se siente mejor. Los padres vuelven a traerlo seis meses después: se muestra insolente con los profesores, tiene tics, sólo soporta la autoridad de su padre... que no lo castiga mucho. Vuelve a iniciar una psicoterapia (el psicodrama había demostrado su utilidad), y sigo viendo a los padres. Muy progresivamente, me di cuenta de que la situación familiar estaba lejos de ser tan brillante como me querían hacer creer. A los problemas de desempleo se añadió, desde algún tiempo atrás, una propensión por los juegos de azar que agravó la desvalorización de la imagen paterna. Ahora entiendo mejor los desafíos que planeaban encima de la cabeza de Julián, ahora fuera de peligro.

En todos estos casos, se observa que la orientación conlleva una mejoría clara en el estado del niño o del adolescente, tanto si sigue un tratamiento como si no.

La orientación crea un espacio para el niño

La orientación parece preservar al niño en su relación con el terapeuta, relación muy difícil de soportar para los padres, invadidos por muchos sentimientos variados e inconscientes: culpabilidad, irritación, celos... En el caso de algunos, estos sentimientos salen a plena luz y no es de extrañar que monten un escándalo en la recepción o en la sala de espera de los centros de consulta infantil. Todo vuelve fácilmente a su cauce después de una entrevista con el médico.

Afortunadamente, no todos los padres reaccionan de forma tan drástica, pero todos tienen más o menos estos sentimientos. Esto se manifiesta la mayoría de las veces por un deseo de saber lo que sucede durante la terapia. Entonces, los padres piden que les expliquen cómo deben comportarse con sus hijos. De hecho, piensan que el hijo ha hablado al psicoanalista de su comportamiento y vienen a pedirle consejo para «evitar cometer errores». Esta actitud constituye para ellos una manera de moderar, de «racionalizar» sentimientos inconfesables de otro modo. A veces, ante su insistencia, indicamos una orientación, que en otros casos proponemos de entrada.

Cuando esta orientación tiene lugar en el mismo centro que la terapia, con un colega (normalmente un médico) del terapeuta, los padres se imaginan que los terapeutas hablan entre ellos, que el del niño «rinde cuentas» al de los padres. En realidad, no es exactamente así: el secreto que el psicoanalista ha prometido mantener al niño vale para todo el mundo (padres, maestros, trabajadores sociales, incluidos los colegas), por razones de ética y de técnica. Es importante que la palabra no circule más allá del pequeño paciente y su interlocutor, porque de lo contrario pierde toda su eficacia.[36] Los padres lo entienden perfectamente, siempre y cuando se les explique. Por mi parte, les indico que las informaciones que intercambiamos con los colegas son de tipo formal, para saber si la psicoterapia ha empezado plenamente o no, si es una buena indicación o si será necesario cambiar de técnica.

El resto, muchas veces, se convierte en un secreto a voces. Lo que el niño dice al terapeuta, los padres ya lo han oído. A veces, incluso, aquel les cuenta la sesión, o sus sueños, porque no quiere tener una relación aparte de la que tiene con ellos. Estos deben hacerle entender que le autorizan a hablar de ellos, lo cual solo es posible cuando los padres se ven apoyados por la orientación, porque el secreto prometido al niño y defendido por los verdaderos psicoanalistas (tanto si se «utiliza» como si no) es la garantía de que se le deja un espacio de libertad de palabra, y de libertad a secas.

Errores educativos

Los padres que acuden a estas visitas de orientación prácticamente no hacen preguntas y hablan de su hijo y de ellos. Se dan cuenta, al hacerlo, de todo tipo de cosas que presentían y, de alguna manera, siguen el juego. Algunos comprenden que necesitan hablar de sí mismos a un psicoanalista y piden una dirección a la que acudir. Otros piden visitas menos espaciadas, lo cual prácticamente siempre está justificado. La mayoría se conforma con citas esporádicas pero raramente olvidadas.

---

36. Desgraciadamente, esto es difícil de cumplir en las instituciones.

A veces, lo que dicen no permite al terapeuta mantenerse neutro. La imagen del psicoanalista siempre en la retaguardia, silencioso y curioso ante la infelicidad de los demás es errónea. Esta imagen todavía es más equivocada cuando se trata de psicoanalistas infantiles. Sin hablar de los malos tratos (físicos o psíquicos), o hablando de ellos, porque existen incluso en los «mejores» entornos, también hay casos en los que la actitud educativa confirma en cierto modo estos malos tratos (no es mi intención tirar la piedra a los padres, los cuales la mayoría de las veces se ven superados por la patología de su hijo).

Después, incluso cuando son conscientes de haber ido demasiado lejos y se lo notificamos en el marco de la consulta al juez de menores, estos padres —de nuevo, si se les explica— se sienten aliviados, aceptan nuestro proceder y nuestra ayuda.

Sin llegar hasta este extremo, la orientación puede permitir al terapeuta decir lo que piensa, lo cual ayuda a los padres en los casos difíciles.

> Vicente, de 8 años y medio, está en tercero, y en clase no confía en sí mismo. Es el mayor de tres hermanos. Sus padres vivieron durante mucho tiempo en un país del Este donde todavía se encuentra la abuela paterna. Vicente confunde las sílabas y tiene problemas de escritura. Siguió una reeducación, pero con un éxito moderado. Hay un secreto de familia: su abuela tuvo a su padre con un hombre casado y el padre de Vicente dice que su padre está muerto. De hecho, de niño, a veces se encontraba con su padre en la ciudad, donde ocupaba un cargo muy importante. Siempre vivió solo con una madre tirana y posesiva. Su madre, consciente de la influencia nefasta del secreto, se lo contó a Vicente. El padre es un hombre rígido y exigente que se hace obedecer, o que intenta que le obedezcan al pie de la letra. Convencido del apoyo de su madre, Vicente desafía y provoca a su padre, lo cual provoca unas tundas sumamente

violentas que turban a la madre. Esta, muy obsesiva (maniática, en el lenguaje común), educó a Vicente en un respeto casi religioso de la limpieza. Así, con 2 años, ya cortaba el papel higiénico para sonarse y «obligaba» a su madre a cambiarle los pañales cuarenta veces al día. Evidentemente, lo puso en el orinal muy pronto, antes de que caminara. Vicente reacciona a todo esto con una lentitud exasperante y siempre va en contra de cualquier regla. El padre también es violento verbalmente: «Este chico es un pedazo de inútil. No sabe hacer nada. Tengo que mentalizarme de que Vicente es una niña *(sic)*». Pero cuál no es mi sorpresa cuando me entero de que, para castigarlo, la madre hizo escribir al padre cincuenta líneas delante de Vicente. Sin embargo, paralelamente, el niño progresa, el padre ha llegado incluso a sentarlo en sus rodillas. La situación familiar es compleja. Un día, la madre me cuenta incluso que lo azotó con una varilla porque el niño se lo pidió.

Intervine en todas las sesiones para explicar algo o para transmitir mi desaprobación. Se trataba de unos padres muy neuróticos, pero inteligentes y receptivos. La orientación fue larga pero provechosa y Vicente hizo unos progresos considerables (¡incluso saca buenas notas en dictado!).

Sara tiene 11 años y está en primero de secundaria cuando la veo por primera vez. La operaron de la cadera y conserva unas cicatrices poco estéticas que la avergüenzan: por ejemplo, ya no se atreve a ir a clases de danza, su pasión. Esto le ha causado una depresión profunda. Se queja constantemente, se ha vuelto tan exigente que su madre la rechaza sin ser consciente de ello (de hecho, el rechazo es primario e inconsciente). Su padre la protege, pero no se lleva bien con su mujer y quiere separarse de ella, sin éxito todavía. Sara tiene la impresión de molestar a sus padres, lo cual la deprime aún más. Intenta demostrarles que les quiere, pero amenaza con suicidarse. En varias ocasiones se ha tomado tubos enteros de somníferos que la madre dejó a su alcance. Un día que le preguntó a su madre si iba a divorciarse, esta le respondió: «Por ahora, no». En su mente, según me dijo más adelante, no podía responder que no, «porque nunca se sabe». El padre me dice que Sara sufre porque no puede «asumir las dificultades de la pareja». La orientación será difícil. Los padres suelen faltar a las citas, mientras que el caso de Sara nos parece dramático (ha estado hospitalizada varias veces por sus intentos de suicidio).

Sin embargo, Sara evoluciona progresiva y favorablemente. Mientras tanto, ha realizado varias sesiones de psicodrama. En una de ellas, se encontraba en una isla desierta y se negaba a pedir auxilio a un barco que pasaba, y cuando los pasajeros la veían y la encontraban se negaba a entrar en él.

Cuando el progenitor está solo

La orientación de los padres nos informa más del vínculo afectivo que une al padre con el hijo que la terapia del niño. Digo voluntariamente *el* padre porque, a menudo, cuando uno de los padres se encuentra solo con su hijo, es cuando este vínculo muestra lo que es: una verdadera historia de amor. La existencia de la pareja de padres, de hecho, oculta esta relación y la equilibra al mismo tiempo: el niño, ciertamente, tiene una preferencia, pero sabe jugar en ambos bandos, como se dice, e ir de uno al otro para obtener lo que quiere. La mayor parte del tiempo, la niña marca cierta preferencia por el padre, y el niño, por la madre. El otro padre aparece entonces más o menos como un rival: es lo que, desde Freud, se conoce como complejo de Edipo normal, el cual se manifiesta abiertamente hacia los 5 años. Dicho esto, ¿de qué tipo es este cariño, o más bien amor, del que hablaba antes? Es un vínculo de amor total, a la vez afectivo y sensual, que sin embargo se ve atenuado por varios factores:

1. *la presencia* del otro progenitor;
2. *la no realización sexual*, debida a dos factores: la

prohibición del incesto y la inmadurez sexual. La prohibición del incesto queda representada, o mejor dicho personificada e incluso encarnada, por la presencia del progenitor del otro sexo;

3. *la identificación* con uno de los progenitores, que sustituye y realiza la relación de amor. Por lo general, esta identificación se realiza con el padre del mismo sexo.

En las familias monoparentales, esta relación de amor suele observarse mejor: por ejemplo, los celos del hijo que vive solo con su madre con respecto a los «amigos» de esta, o la hostilidad hacia el padrastro o la madrastra en caso de divorcio.

Sin llegar al incesto, que se produce en circunstancias muy poco frecuentes y patológicas, la proximidad del padre solo con su hijo puede ser peligrosa cuando estas barreras tienden a reducirse. Sin embargo, esta proximidad, en general, es desconocida o completamente ignorada por el progenitor en cuestión.

> Tomaré como ejemplo el caso de Carlos, a cuya madre seguí durante algunos meses y que he vuelto a ver recientemente. A sus 8 años, Carlos es un chico muy despierto, mestizo (su madre es rubia). Está en tercero y tiene muchos problemas escolares. Los padres solo vivieron juntos tres o cuatro meses. Carlos sólo ve a su padre de vez en cuando. Este estuvo en prisión por tráfico de drogas y finalmente fue expulsado del país. Este chiquillo tiene problemas a la hora de representarse la imagen paterna. Sin embargo, aparte del problema escolar, Carlos no está tan mal. Esto es lo que me dice: «En primer lugar, mi maestra es inútil: me tira del pelo. En segundo lugar, mi papá no está. En tercer lugar, mi papá adoptivo (*sic*: se trata naturalmente del actual compañero de la madre) tiene ataques de nervios con mamá. En cuarto lugar, el director de la escuela dice que paso de ellos y no es cierto». Después, añade: «Trabajo mal, tengo un problema de falta de atención. Pienso en mamá».

A esta madre cálida le cuesta aplicar «la ley paterna» en sus palabras. Esta ley, sin embargo, es importante y el niño la necesita particularmente. Lo demuestra el sueño que me cuenta la primera vez: «Mi madre encuentra a su príncipe azul y me da muchos hermanitos». La madre, por otro lado, se queja delante de él de que considera a cualquier figura masculina como su padre.

Con 11 años, Carlos está en primero de secundaria y escolarmente va mejor. Su madre ha prolongado la orientación con una terapia personal. Pero entre ella y Carlos las cosas no van bien. Durante una sesión, decidió llamarla «señora». Ella sigue estando igual de cerca de él y se lo ha explicado todo sobre la pubertad, pero confiesa que Carlos le dijo solemnemente: «Me gustaría que no te quedaras desnuda delante mío».

Esta madre cree que Carlos sigue siendo un niño pequeño y no es consciente de los deseos que puede suscitar.

Esta situación, evidentemente, se ve favorecida por la ausencia real de su padre, por la dificultad de la madre en aceptar la autoridad de su compañero en cuanto a la educación de su hijo y por el desarrollo físico de este último.

El papel del padre

Todo esto introduce la cuestión del padre tal y como se trata en las visitas de orientación. El padre es el representante privilegiado de la «ley», la prohibición del incesto. Pero es importante aclarar, sobre todo al principio del desarrollo del niño, que esta «ley» es transmitida por la madre: es ella la que reconoce (o no) la autoridad del padre. Por ello, no es tanto la presencia física real del padre lo que cuenta como su existencia en las palabras de la madre, si esta se refiere (o no) a su palabra.

Sin embargo, las madres dicen abiertamente que el padre no está suficientemente presente. Cuando llega la noche, el padre no tiene ganas de jugar a ser un padre duro. Esto se añade a la reducción, en nuestra época, de las diferencias entre sexos, así como al declive de la imagen paterna (la autoridad paterna se ha convertido en la autoridad parental).

No obstante, el lugar destinado al padre es fundamental para cualquier niño, porque el padre real tiene una «función» que cumple más o menos bien, que es la de separar al niño de su madre, evitar que este tenga con ella una relación llamada fusionada o simbiótica.

> Muy a menudo, el chico que está solo con su madre provoca un conflicto para evitar una relación demasiado próxima que lo asusta. Máximo, de 11 años, que cursa primero de secundaria, está muy movido en clase y saca malas notas. Instaura el desorden en todas partes. Su madre es profesora de matemáticas. El padre de Máximo, policía, los abandonó hace cinco años. Esta madre simpática y depresiva tiende, desgraciadamente, a «confiarse» a Máximo. Este juega su papel protector con cierta satisfacción: aumenta su influencia sobre la madre. Así, cuál no es su sorpresa, su decepción y su rabia cuando esta retoma su papel de madre, duplicado por su profesión de maestra, para reprocharle las notas que saca. Seguramente por esta razón se «venga» inconscientemente humillando a su madre delante de sus invitados. Cuando está solo con ella, en cambio, quiere hacerlo todo con ella y por la tarde se pasa horas hablándole. Él también se va volviendo más pudoroso: en el baño, esconde sus genitales, y durante este tiempo la madre le hace repetir la lección. El padre permanece lejano, aparentemente indiferente. Ha rehecho su vida y no tiene ganas de luchar para recuperar a su hijo.

Está claro que en esta orientación el médico juega más o menos el papel del padre en su ausencia. De hecho, es o se convierte para la madre en una referencia, y al mismo tiempo alivia al hijo. Este rol no es una suplencia, porque se desarrolla con una periodicidad ínfima. Sin embargo, acompaña las etapas de la vida cotidiana, los controles, los cambios de curso, etc. Además, incluso sin ver al niño, el médico que ya lo conoce se hace una idea de lo que ocurre y puede pedir volver a verlo si hay algo que le preocupa.

> Con Máximo, atravesaremos varias fases (sin volver a visitarlo): la pasión por el *skate*, el *look* relacionado con el rock duro, los horribles pósteres de películas de terror y el paso inevitable a tercero de secundaria, obsesión de la madre. Poco a poco, se va produciendo una evolución clara. Máximo está contento de ir al instituto, quiere estudiar contabilidad, madura y pasa con su madre (y con nosotros) el umbral de la adolescencia sin demasiados problemas.

Las madres de familia que se encuentran solas con su hijo necesitan, más que otras, un apoyo. El apoyo que aporta la orientación suele bastar para reequilibrar la dinámica familiar, en ocasiones reducida a la pareja madre-hijo, y para aconsejar de manera útil a la madre. Durante esta orientación, la madre de Máximo cae en una depresión relacionada con un fracaso sentimental y se transformará gracias a la ayuda que recibirá en una psicoterapia realizada en el marco privado.

La ansiedad es contagiosa

La orientación también intenta romper el círculo vicioso que puede producir la ansiedad en el microcosmos familiar.

¿Qué es la ansiedad? Es una señal contra un peligro imaginario que adopta la forma de peligro real y limita la actividad ordinaria. Esta señal no es mecánica: se adapta a la fisiología y al juego normal de los órganos. Por lo tanto, no es necesariamente el efecto inmediato de la causa que lo produce. Una situación angustiante provocará, con un tiempo de latencia variable, reacciones diversas según la persona: nudo en la garganta, aceleración del ritmo cardiaco o respiratorio, sudor exagerado, cólicos, etc.

El peligro señalado por la ansiedad no se percibe en el momento. La ansiedad provoca reacciones a menudo desmesuradas y sin relación con la causa real. Estas reacciones suscitan en el otro (niño, cónyuge) una nueva ansiedad y nuevas reacciones.

La psicoterapia de uno de los miembros de la familia basta en ocasiones para «canalizar» esta ansiedad, o para hacerla desaparecer cuando el terapeuta se encarga realmente de ella. A veces, la psicoterapia, siempre imprescindible, no basta para mejorar el ambiente familiar. La orientación de los padres puede entonces ayudar a romper el círculo vicioso.

Ya me habían pedido que visitara a Iván cuando este estaba siguiendo una psicoterapia con un compañero. Entonces tenía 10 años y medio y estaba en quinto. El padre había decidido interrumpir la psicoterapia porque el terapeuta le reprochó que le diera azotes demasiado frecuentes y violentos al chico. En aquella época, sin mucho éxito, aconsejé que la psicoterapia continuara porque Iván le tenía cierto apego y realizaba un buen trabajo.

Volvieron a mi consulta por medio de otros «circuitos». Iván tiene ahora 13 años y ha empezado tercero de secundaria. Tiene arrebatos de violencia preocupantes. Se pone nervioso, rompe un jarrón o un mueble, o pone su habitación patas arriba.

El médico de cabecera, de urgencias, lo envió a un psiquiatra infantil que le prescribió a la vez anfetaminas y psicodrama. Las anfetaminas son medicamentos psicoestimulantes utilizados en ciertos casos poco habituales de inhibición o para cortar el hambre en las curas de adelgazamiento. Son medicamentos peligrosos porque pueden crear dependencia. En Estados Unidos, han sido probados en niños nerviosos y han demostrado un efecto paradójico: han logrado calmarlos. En Europa, donde se suele seguir la moda de Estados Unidos, y a pesar de las reticencias de muchos pediatras, algunos especialistas prescriben este tipo de medicamentos.

Iván cree que las anfetaminas mejoran su atención en clase y está contento con este medicamento prescrito por un médico en el que sus padres confían. Acepto realizar sesiones de psicodrama individual con él porque sufre estos arrebatos de cólera durante los cuales «pierde el control» y porque desconoce su causa. Iván, además, intentará convencernos de que estos arrebatos se producen sin motivo aparente, como si sufriera una enfermedad neurológica. Evidentemente, esto no es lo que se desprende del psicodrama, muy al contrario. Este demuestra que los padres (cuyo papel es interpretado tanto por Iván como por los coterapeutas) no soportan que Iván se angustie solo. Es cierto que este sufre ataques de ansiedad en cuanto no domina una situación, un problema de matemáticas, un plazo fijado. En estos momentos, se pone a gritar o a romper algo. En todos los casos, llama a sus padres (normalmente a la madre), lo cual no resuelve nada. Además, o debido a sus ataques, Iván está deprimido, tiene ideas oscuras, habla de suicidio.

De hecho, iremos comprendiendo progresivamente que toda la casa está sumergida en un ambiente de ansiedad. La de Iván angustia a su vez a sus padres y recíprocamente: por ejemplo, el desempleo pasajero del padre se oculta a los hijos (Iván tiene una hermana menor), pero influye insidiosamente en el ambiente. Se crea un auténtico círculo vicioso que el psicodrama no consigue romper, por lo cual propongo a la madre seguir una orientación, la cual acepta gustosamente. Esto le permitirá hablar del comportamiento de Iván y de su propia ansiedad en el mismo lugar en que el niño realiza el psicodrama. También podrá relacionar los diferentes acontecimientos con los ataques de su hijo. Estos ya no aparecen como una enfermedad orgánica o como una locura, sino como una reacción que podrá traducirse de otro modo que en actos violentos. Iván acepta cada vez mejor sus sesiones, mientras que al principio su padre tenía que llevarlo a la fuerza o impedirle que se marchara cortándole el paso en el pasillo.

Algunas familias llegan a las manos por falta de comunicación. Los médicos les tienen tanto miedo que prefieren tratarlos con actos médicos y con medicamentos. Sin embargo, su función es explicarles que ciertos ataques o ciertos comportamientos no tienen una causa orgánica, sino que pueden curarse a través de la palabra.

El niño transporta a sus padres a su propia infancia

Cuando los padres me traen a su hijo pequeño o adolescente por trastornos del comportamiento, siempre les pregunto a quién les recuerda. Puede ser a sus propios padres o abuelos, a un hermano, a una hermana o a un primo. Entonces es frecuente que respondan fácilmente que él (o ella) es el retrato de tal persona. Esto puede ser cierto en el sentido de que los genes existen y de que un parecido puede inducir tal comportamiento. Pero esta respuesta, en general, tiene un efecto terapéutico. A menudo sucede que el hecho de haber nombrado al personaje conflictivo de la familia, de haber asociado a esta figura la angustia que proyectamos sobre el niño o el adolescente, interrumpe una interacción patológica.

La proyección es un mecanismo sumamente frecuente y complejo a la vez. El sujeto tiene la sensación de que un pensamiento, por ejemplo, viene de otra persona, cuando realmente viene de sí mismo.

Jean-Paul Sartre cita el ejemplo de Paul Nizan, que durante una conversación le reprochó un error gramatical que él mismo cometía constantemente (desde entonces estuvo enfadado con él).

¿Cómo explicarlo? La proyección se realiza en dos fases, la primera de las cuales es inconsciente. Durante la primera fase, el sujeto proyectará tal rasgo sobre el otro, y este mismo rasgo es el que le parecerá venir del otro. Estos fenómenos son sumamente frecuentes: cuando vivimos en pareja, el que pierde su pastilla de jabón acusa al otro de haberla perdido. En familia, estos fenómenos de proyección se multiplican y es muy complicado saber quién empezó primero. Muy a menudo, la orientación permite, si no eliminarlos, al menos reducirlos mucho. He aquí un ejemplo:

> Guillermo tiene muchas dificultades escolares. Tiene 15 años, está en cuarto de secundaria y es el mayor de tres hermanos. No consigue «decidirse a ponerse a trabajar» y presenta un bloqueo típico. La psicoterapia no le va nada bien y las sesiones de psicodrama individual revelan a un adolescente bastante rígido y convencional, con un superego muy fuerte. Este superego es una especie de yo inconsciente que se hace suyas las prohibiciones antiguas de los padres o incluso de los abuelos, las cuales prohíben el placer al sujeto o incluso ciertas satisfacciones perfectamente legítimas. El comportamiento de Guillermo mejora rápidamente con el tratamiento y deja de considerar útiles las visitas. Esto preocupa a su madre, que acepta venir a hablar de él más fácilmente.

Como sucede con frecuencia, Guillermo tiene muy presentes las diferencias entre sus padres. Está muy unido a su madre, la cual le habla mucho y cuya autoridad acepta bastante bien. Su padre, en cambio, es un hombre que reacciona siempre tarde y con violencia. Sin embargo, se llevan bien y Guillermo se siente realmente identificado con él.

Hasta mucho más tarde no nos damos cuenta de que la madre está insatisfecha de su relación conyugal. Aproximadamente en el mismo momento, expone hasta qué punto quiere a Guillermo. Está bastante preocupada porque siente mucho cariño por él, y entonces comprendemos que puede haber un desplazamiento del marido hacia el hijo y proyección de la insatisfacción.

Aunque este fenómeno es frecuente, suele ser ligero y reversible (el desplazamiento también puede hacerse en el otro sentido), aunque en el caso de Guillermo no pudo detectarse rápidamente.

La orientación no solo puede acompañar a una psicoterapia, sino también sustituirla si el niño la rechaza o simplemente si está bien. Esta orientación puede hacerse en el marco privado, pero su puesta en marcha es más delicada que en los centros asistenciales.

7

Cuatro casos

Los cuatro casos de psicoterapia en niños y preadolescentes que presento a continuación tienen el interés de mostrar a los padres lo que sucede en una terapia. Para que esta sea eficaz, es absolutamente importante que el niño confíe en el especialista y que entienda que nada de lo que le diga o le muestre será repetido a los padres. Algunos niños, cuando conocen esta regla, parecen mostrarse indiferentes, mientras que otros se alegran abiertamente. ¿Por qué esta regla? Por una parte, porque la libertad de palabra que implica la terapia debe ser total, y por otra, porque el niño está acostumbrado a ser el objeto de las conversaciones de los adultos (familia, maestros), y la psicología es el único lugar en el que esto cambia: el niño es considerado como una persona de pleno derecho.

Esta condición hace que el niño (o el adolescente) cuestione lo que hasta entonces había considerado inamovible; este cuestionamiento es el que provoca el cambio, como en el análisis. Este cambio, incluso positivo, modifica un poco el equilibrio familiar; suele provocar reacciones de los padres, que van a ir a pedir cuentas al especialista, ya sea de manera reivindicativa o en forma de consejos: «Usted que lo (la) conoce, díganos cómo comportarnos». Esta intervención de los padres es comprensible, pero pone al terapeuta (como hemos visto) en una situación delicada. Por ello creo que es útil relatar estos ejemplos para mostrar en qué consiste el diálogo psicoterapéutico. Estos casos sirven como ejemplo en varios sentidos. En primer lugar, corresponden a ambientes y a edades diferentes, lo cual demuestra que el inconsciente no tiene en cuenta los aspectos sociales. Después, pudieron desarrollarse sin la intervención de los padres que, a lo largo de los tratamientos (algunos duraron cuatro años), mantuvieron total confianza en el método, cuyos resultados valoraron positivamente. Finalmente, fuera cual fuera el ritmo o la duración, tuvieron los efectos psicoanalíticos de los que he hablado: un cambio inducido por la palabra. Por todo ello considero, como muchos de mis colegas, que las psicoterapias infantiles, sean cuales sean las técnicas utilizadas (palabra, dibujo, plastilina, juego de rol o psicodrama), deben ser realizadas por psicoanalistas que también tengan experiencia con adultos.

¿Quiénes son los niños cuyos casos vamos a exponer?

Carlota suspende matemáticas, ya veremos por qué. Su cura será breve: un curso académico y volverá a implicarse en la escuela.

Ramón tiene tics y dificultades en quedarse solo, y sus progresos serán espectaculares.

Raúl es un preadolescente con un largo pasado de abandonismo[37] y un retraso escolar. Revivirá todo su sufrimiento a través del análisis de sus pesadillas y se preguntará por qué tiene que pasar por esto. Se convertirá en un adulto pleno y feliz de vivir.

Esteban, que sufre fobia, puede llegar a ser muy violento. Su cólera se curará con solo cuatro sesiones de psicodrama individual. Esta técnica, imprescindible en el caso de niños

---

37. Carencia de aportación afectiva precoz.

y adolescentes incapaces de hablar libremente pero que piden ayuda, se ha descrito a lo largo del presente libro.

En estos ejemplos, además, encontraremos una de las características de las auténticas psicoterapias psicoanalíticas: el motivo inicial de la demanda (dificultades escolares en el caso de Raúl, tics en el de Ramón, discalculia en el de Carlota y cólera en el de Esteban) se olvida prácticamente en la primera sesión, lo cual significa que de entrada se trata el fondo del problema. Esto es lo que hace posible que el síntoma desaparezca progresivamente. El síntoma, como vemos, solo estaba para señalar un sufrimiento que debía ser escuchado.

La psicoterapia de Carlota en el centro médico psicopedagógico

Carlota nació con múltiples malformaciones en la cara. La han operado muchas veces pero todavía tiene intervenciones pendientes. ¿A quién le extraña, entonces, que tenga muchos problemas con el cálculo? Las «operaciones» le traen muy malos recuerdos.

Tiene 8 años y medio y va mal en la escuela. El psicólogo escolar la orienta hacia el grupo de refuerzo. Tiene una hermana mayor, Isabel, de 15 años y medio. El embarazo de la madre fue complicado. Carlota nació con un hundimiento de la protuberancia frontal y con un pie zopo. Desde el año de edad ha sufrido múltiples operaciones. El problema del pie la obligó a llevarlo escayolado durante cinco meses a la edad de 6 años.

Aparte de estas intervenciones quirúrgicas, su desarrollo ha sido perfectamente normal. El problema escolar más manifiesto es una práctica imposibilidad en comprender las operaciones matemáticas, aunque lee bien y hace buenos dictados. La división más fácil le resulta imposible y, evidentemente, no podemos evitar relacionar esta gran dificultad y lo que ha sufrido con la palabra «operación».

La madre tuvo una depresión nerviosa un año después del nacimiento de Carlota. El padre abandonó el domicilio conyugal (lo veré más adelante). Así pues, confluyen múltiples problemas.

Desde el primer encuentro para decidir la psicoterapia, Carlota me dice que está allí para «aprender» y me hace un dibujo en el que un niño está perdido y solo. Ha encontrado una tienda de campaña y en el cielo hay un arco iris. Está llorando: su madre no quiere cogerlo porque es feo. No quiere bajar del tobogán.

Evidentemente, no podemos dejar de pensar que la niña, cuando dibuja, se identifica con (o se proyecta en) este personaje. Tampoco podemos obviar que Carlota se identifica con un niño y se siente abandonada por su fealdad. Es cierto que tiene un rostro particularmente poco agraciado (las operaciones faciales se realizan progresivamente, en función del crecimiento), pero Carlota es una niña viva con mucho encanto. En cambio, no debemos interpretar lo que nos ha parecido comprender. En primer lugar, porque es demasiado temprano; después, porque no estamos seguros de esta interpretación; finalmente, porque nada demuestra que la niña esté preparada para entender lo que dice.

La siguiente semana veo al padre de Carlota, el cual me dice estar totalmente de acuerdo con la psicoterapia, pero no siempre con la madre de la niña.

Carlota debe decirme si está o no conforme: repite que viene para «intentar comprender» (o «para que la comprendan») y añade «escuchando». En cuanto a la palabra «psicoterapia», me dice: «La tengo en la punta de la lengua pero no consigo decirla».

Un primer dibujo muestra un árbol... pájaros. «Una mariposa se ha posado en el árbol y después ha volado hacia arriba, en el cielo.» Como no pasa gran cosa, le pido un segundo dibujo. Este es mucho más explícito: hay un padre, una madre y una hermana pequeña que querían ir al mar. La madre quería ir, pero no podía porque el agua estaba fría. La niña vio un arco iris y llamó a su madre y a su padre para que se miraran (y no para que la miraran). Esta historia en el mar le recuerda Cádiz, donde su abuela materna tiene una casa.

Este lapsus traduce seguramente su deseo de que sus padres vuelvan a llevarse bien. Será un tema recurrente en la psicoterapia y volverá a aparecer en la siguiente sesión.

La madre intenta nadar desde el barco hasta la playa. La abuela materna despierta al abuelo materno. La pequeña dice: «Es hora de comer». Le digo que me parece que falta alguien. Responde: «Papá está durmiendo en una habitación solo».

Se podría pensar que la madre ha ido de vacaciones a casa de sus propios padres pero, de hecho, la abuela materna murió antes del nacimiento de Carlota. La ausencia del padre queda compensada enseguida por una racionalización: no está en el dibujo porque se hayan divorciado, sino porque está durmiendo. Sin embargo, no debe interpretarse nada, sino permanecer en la historia del dibujo (la proyección) y respetar el imaginario; de lo contrario, la psicoterapia podría, con razón, verse interrumpida. He aquí cómo evolucionan las cosas en el imaginario de Carlota.

El señor está haciendo algo y, de repente, mira por la ventana y dice: «¡Oh, un barco! Voy a intentar ir hasta allí». Fuera, hay una niña pequeña con otra niña. *Ellas han dicho que sí se vaya con ellas.* Un pájaro cantaba cuando vio marcharse a su amo, y hace «pío pío» para que vuelva.

Pero cuando después lo asocia (podemos preguntarle a la niña quién se esconde detrás del personaje del dibujo), no habla de su padre sino de su abuelo materno, que realmente tiene un pájaro.

Poco a poco va emergiendo otro tema: el de la diferencia de sexos por medio de las historias de pájaros. Paralelamente, Carlota me dice que aprende mejor las operaciones matemáticas.

Sandra, la niña pequeña, se levanta y se viste. Sale fuera para ver a los pajaritos. Después, mira un árbol que crece. En el tronco, hay *un agujero y en el agujero están los dos pajaritos.* Es primavera. Lo asocia con los hombres y las mujeres, precisando: «Los señores tienen un hombre *(sic)*, las mujeres es distinto, pueden tener bebés». Como le hablo de su curiosidad sexual, responde con vehemencia: «¡No tengo ganas!». Después, dibuja una tienda de campaña en la que solo duermen niñas, que enumera: Sandra, Laura, Caterina, Virginia, Carlota, y repite «ellos»: *«Ellos* han visto las *flores crecer, ellos* han vuelto a abrir *(sic)* las puertas y las cortinas».

Es probable que aquí se esté desprendiendo la idea habitual en las niñas de que su sexo crecerá para convertirse en el que tienen los niños. Pero, como hemos visto, Carlota se puso furiosa con mi intento de interpretación y volverá a manifestarlo (lo cual confirma su curiosidad):

—He dormido mal debido a la tormenta; he ido al dentista porque tengo unos dientes mal puestos. Van a operarme. No tengo más ideas.

—¡Las encontraremos en los dibujos!

—¡No! El dibujo que hago es lo que imagino, no lo que pienso. Usted siempre lo sabe todo.

—No, no lo sé todo. Intento saberlo contigo.

—Entonces, ¿por qué vengo si no lo sabe todo?
—...
—Jesús hace locuras. Dice: «Levántate y anda». ¿Por qué vengo aquí? Hago dibujos para nada.
—Sí, para dármelos.

Carlota se resiste, pero de una manera muy lúdica. Mantiene conmigo una oposición algo forzada. ¿Acaso me compara, en cierto modo (negativo), con Jesús? Por ello le digo que asumo lo que puede «proyectar» también en mí (transferencia) diciéndole que el dibujo, cuyo significado cuestiona, al menos sirve para esto.

En la próxima sesión sigue y me espeta: «Lo he olvidado todo». Vuelve a sus historias de pájaros y me dice que ha sacado buenas notas en matemáticas y que pasará a segundo. Después pone cifras a los niños y a las niñas, y me dice que el dentista la operará durante las vacaciones.

Algunas sesiones más tarde, vuelve a lanzar el debate en estos términos (siempre por medio de un dibujo): la niña pide a la otra si puede jugar a la comba. Los niños van a mirar el árbol y las flores. Quieren coger una flor. Las niñas dicen: «No, porque no crecerían otras». Y añade: «Quiero aprender en la escuela».

Aquí vemos cómo el saber y el aprendizaje van relacionados con la curiosidad sexual. Para Carlota, el fantasma del sexo que crece es reemplazado por otro: lo han arrancado, por eso no está. Y el conocimiento chocará con el poder de la madre, como demuestra justo después de esta sesión: la niña se come una manzana y ve un árbol. Querría decidirse a hacer algo, pero no puede porque su madre le ha dicho que no se acerque al árbol. Busca... busca... avanza un poco pero no consigue encontrar la idea.

Después, aparece de nuevo el tema del pájaro con una variante interesante, porque corrobora la idea de que la ausencia de pene es definitiva en las niñas: «Unas niñas ven un pequeño anillo en un árbol. Quieren coger al pájaro, pero el pájaro sale volando».

—Son muy curiosas —digo yo.

—Habían visto que el pajarito tenía una pata enferma.

A lo largo de las sesiones, Carlota habla de sus progresos en clase, de los acontecimientos cotidianos o que salen de lo normal (tienen que operar a su madre), o de sus padres, que se han divorciado porque no se entendían. Vuelve a mostrar cierta oposición (que había disminuido mucho gracias a su mayor conocimiento) y enumera sus resentimientos contra mí («usted no habla»), contra la escuela (los niños se ríen de ella), contra la vida (todo lo que hay en la vida) y contra las operaciones (todo lo que quieren hacerme).

Añade: «Ya lo entiendo. Papá Noel no existe, y los regalos no los trae el ratoncito».

Insiste en mi silencio, reclama palabras, pero es consciente de que *si cambia, no volverá a verme*. Con esto demuestra que ha comprendido el significado de sus resistencias (lo que los psicoanalistas llamamos resistencias *por medio de la transferencia*): el apego hacia el terapeuta, ciertamente ambivalente, impide paradójicamente el progreso, porque este progreso significa el fin de las sesiones. Un final para el que parece prepararse progresivamente, ahora que está mejor: «No quiero venir más porque no quiero faltar a la escuela. Sé que no es importante *(sic)*, pero tengo ganas de escuchar y de estar allí para las explicaciones».

Así pues, estoy de acuerdo en dejarlo. Ya no es una resistencia, sino al contrario, la señal de que el psicoanálisis ha tenido un efecto positivo. Ella misma dice a su madre que ha terminado conmigo y, al irse, me hace este regalo: «Todo va mejor, estoy contenta de vivir».

El psicoanálisis de Ramón en el marco privado

El caso de Ramón, del que ya he hablado, ilustra lo que puede ser un psicoanálisis en el marco privado.

Ramón, de 7 años y medio, está en segundo y parece «no sentirse bien consigo mismo». Es exigente, sobre todo después del nacimiento de su hermana pequeña, y tiene tics que preocupan a sus padres, ambos psicoanalistas. Recuerda los sueños, habla fácilmente y se queja mucho de su hermana, acusando a sus padres de no ser imparciales. Todo esto no me parece grave, pero para el niño son pequeños «dramas» cuya importancia solo se reflejará retrospectivamente, cuando los haya superado, al final de su análisis un año después. Este se lleva a cabo a razón de una única sesión por semana, y ha tenido unos efectos importantes: entre otras cosas, ya no se siente inferior en el patio de la escuela. Cabe añadir que la duración de la terapia no le pareció larga a Ramón, contrariamente a lo que el lector podría creer: pensaba que vendría hasta que fuera mayor de edad, y cuando terminó incluso le supo mal.

En lugar de la narración detallada de la terapia de Ramón, me parece más interesante destacar algunas de sus reflexiones en el transcurso de la psicoterapia, reflexiones que tienen que ver con las diferencias y los parecidos con el psicoanálisis de adultos. Por ejemplo, no comprende del todo bien por qué sus padres le llevan a ver a alguien que se dedica a lo mismo que ellos. «¡Ellos podrían curarme!», dice. No comprende que unos padres tan buenos puedan ser a veces tan malos, y no lo relaciona con su estatus de padres sino con la diferencia de edad. Por su parte, los padres, que veo sólo al inicio de la cura, están preocupados pero, como suele pasar, sus motivos de preocupación no tienen mucho que ver con aquello de lo que se queja su hijo. Es esencial respetar este desfase, porque de lo contrario estaremos haciendo reeducación y pedagogía en lugar de terapia y, aún menos, de psicoanálisis.

Del bebé al «narcisismo»

Además, Ramón se pone en el lugar de los padres. Cuando sea mayor, tendrá dos o tres hijos como máximo, porque aparecen los celos... excepto si son gemelos, porque entonces están acostumbrados a hacerlo todo juntos: beber la leche, dormir, etc. A partir de cuatro hijos, es un desastre. Los bebés son celosos y tiran cosas. No lo hacen para hacer daño, sino para ver cómo son: si son duras, blandas o si vuelan. Están obligados a probar así los juguetes porque, según me dice, en la barriga de la madre no hay objetos.

Pero Ramón está seguro del amor que recibe y tiene esta seguridad anclada en él. Para nosotros, los terapeutas, esto significa que tiene un buen narcisismo. Esta palabra suele tener una connotación peyorativa: el narcisista es aquel que sólo piensa en sí mismo, sólo se quiere a él, se observa constantemente. Sin embargo, Freud demostró que esta actitud es secundaria; es un síntoma que intenta rellenar un vacío, el de un narcisismo primario que falla. ¿Qué es el narcisismo primario? Es el verdadero amor de los padres, el amor desinteresado por definición, que constituye el núcleo del ego del niño. Este ego es tanto más fuerte cuanto mayor es la certeza de haber sido deseado (lo cual va más allá de las ganas de «concebir» o no a un hijo) o, al menos, amado. Cuando ha faltado este amor —y siempre falta un poco, incluso en los casos normales— el amor por uno mismo, el narcisismo (secundario, en este caso), aparece de un modo visible, ostentador y penoso para el entorno. Tenemos un ejemplo con el narcisismo de la adolescencia, periodo durante el cual los mecanismos de formación del ego se ponen en marcha por segunda vez.

Ramón, a partir de su historia con los bebés, muestra un narcisismo primario (es decir, el amor que ha recibido de sus padres) bien establecido:

—Cuando se quiere a alguien una vez, este amor no puede dividirse y no se le puede odiar.

—No se le puede retirar el amor —afirmo.

—Sí, eso es. Por ejemplo: si doy dos bombones a alguien y después le digo que me los devuelva, no podrá, porque ya se los habrá comido.

—...

—Una vez que el amor entra en el cuerpo, no puede salir. Es como si estuviera prisionero en el corazón. Es como una hoja en el mar. Cuando llega al mar, ya no puede sacarse, porque queda toda desmenuzada...

Este diálogo muestra el mecanismo del inconsciente: el inconsciente de Ramón fabrica metáforas y las explota hasta el final. Llegará a inventar otra, justo después de la primera, para completarla, sin temer la redundancia o la contradicción. ¿Qué debo decir ante esto, aparte de seguirlo y escucharlo? Evidentemente, a partir de su discurso, podría añadir palabras eruditas, hablar de introyección oral (el amor tragado), modelo de la constitución de la personalidad mediante lo que se llama identificación. Pero lo importante es que Ramón lo ha descubierto por sí solo y ha podido decírselo a un adulto, que lo ha escuchado. En esto consiste el psicoanálisis.

Saber, lenguaje, sexualidad

Un día que Ramón habla de crecer sin envejecer, me dice que le gustaría hacerse pequeño para hablar el idioma de los bebés. Le digo que puede recordarlo sin por ello tener que convertirse en bebé. Pero no, ya no lo sabe, o debería esperar que toda su vida recorriera al revés. Insisto (es mi función) y aseguro que podemos volver al pasado mediante la memoria. «Entonces, hablas como los bebés», me replica. Y añade, perentorio:

—No sabemos hablar la misma lengua que los bebés, pero podemos traducirla.

—Sí —le digo—, las mamás saben interpretar el lenguaje de los bebés. Lo adivinan.

—Si como bebé digo «agú, agú», puede significar muchas cosas. El bebé no llora aposta. Cuando mama, le gusta.

—¿Y cómo aprende a hablar?

—A base de oír a su mamá. Por ello se tiene que pronunciar bien delante de un bebé. Oye «mami, madre, mamá».

Y añade:

—Hay palabras que todavía no sé.

—Podrías decir cuáles son, pero... ¿prefieres aprenderlas tú solo?

—Sí, para hablar se aprende solo.

Y añade sin transición:

—Para comprender al bebé, se tiene que saber cómo se fabrica al bebé.

Sigue una explicación nebulosa sobre la fecundación de las células, su división posterior, la formación del esqueleto y de la piel, etc.

Esto demuestra que el saber está íntimamente relacionado desde el principio con la curiosidad sexual. Ramón relaciona el lenguaje, el saber y la sexualidad. Una sexualidad, como vemos, inconsciente: ha oído todas las explicaciones racionales, pero se monta su propia historia, algo que quizás se convierta para él en una especie de prehistoria personal. El lector comprobará que el psicoanalista se guarda de interpretar y aún más de dar explicaciones que son de la incumbencia de los pacientes.

El secreto

En esa época, veo de vez en cuando a los padres. La mejoría es evidente. Acepto ver a la madre sola, porque Ramón ha entendido perfectamente mi función con respecto a él. Sin embargo, e incluso en este caso ejemplar, el niño lleva mal que lo excluyan de una conversación de adultos, del mundo de los adultos.

De hecho, no debemos creer que el niño no es sensible a lo que se dice de él cuando él no está. Todos los niños le prestan mucha atención, incluso y sobre todo si lo niegan. Ramón no es una excepción a la regla: sabe que me dedico a lo mismo que sus padres, pero ahora comprende que es mejor que no todo se haga en familia. Y asegura: «Prefiero que papá no sepa lo que digo aquí. Además, incluso tú —me dice— no puedes comprender todo lo que digo. ¿Sabes qué es el alfabeto Morse? Puede que ni tú lo sepas realmente».

Dura lex, sed lex

El niño, como el adulto, no siempre lleva bien la situación analítica, vivida en ocasiones desde una posición inferior (favorecida por el diván utilizado con los adultos), y sobre todo que alguien sepa más sobre él que él mismo. Esconde este complejo de inferioridad detrás de la diferencia de edad. Así, Ramón me precisa: «Hay cosas que me gustaría comprender solo. Hay cosas que guardamos para nosotros. Necesito tu ayuda, pero no para todo».

Los sueños

No obstante, recordaré a Ramón la regla del psicoanálisis, que le será muy útil a la hora de resolver un problema de insomnio. Hablemos de los sueños. Un niño de 8 años no solo puede comprender un sueño, sino que también es capaz de entender su mecanismo y reinventar el psicoanálisis, como debería hacer cada paciente en el diván.

Ramón se pregunta qué puede hacer para recordar los sueños. De hecho, se curó del insomnio gracias al análisis de un lapsus que no describiré aquí, y en ocasiones recuerda sus sueños, pero tiende a olvidarlos: «Me gustaría saber cómo recordar los sueños, saber qué altera las ondas (ha entendido la deformación que provoca el sueño en los pensamientos diurnos y preconscientes o inconscientes). Después, me gustaría poder alterar el aparato de las pesadillas (ha comprendido que los sueños son los guardianes del sueño, como dice Freud)». Esta noche soñó, pero no recuerda las palabras: «Es como si alguien hubiera puesto corrector en los bocadillos de los cómics (bonita definición de la represión)». Después, la toma con todas las personas que alteran las ondas que nos llegan por satélite y se pregunta cómo terminar con todas estas «lanzaderas que destruyen nuestras ondas». Y añade este comentario sorprendente: «Sólo usted puede saberlo». Después, compara los sueños con «personajes que avanzan enmascarados: las pesadillas son como enemigos con los que se lucha y que a veces se rinden. Los sueños son distintos: cuando se les saca la máscara a los personajes, estos huyen despavoridos y se lo dicen a los demás, que desconfían y no vuelven a manifestarse».

Ramón comprende que la palabra libera, pero no cualquier palabra: una palabra que tenemos en el fondo de nosotros mismos y que no se saca abriendo la barriga, porque esta palabra se mantiene encerrada mediante el secreto. Entiende que no tiene acceso libre a su propia palabra y que el análisis constituye el rodeo obligado: me explica que me necesita porque su «máquina para depurar el agua» (que compara con sus palabras) está averiada, necesita la mía. Pero cuando la suya esté reparada, ya no me necesitará. Más adelante, aclara: «La psicoterapia sirve para liberar los pensamientos» y reconoce que «en nuestra mente hay cosas escondidas, cosas que no queremos encontrar». «Es como los microbios, que no provienen de nosotros mismos. Si fuera una pelota, se podría evacuar más fácilmente.» Le sugiero: «Quizás son pensamientos que vienen cuando somos muy pequeños».A lo cual él responde: «Y que vuelven a salir por la noche».

Comprende la utilidad de realizar sesiones poco espaciadas durante la semana y después me dice, a propósito de los sueños que huyen: «Si nos viéramos más a menudo quizás desconfiarían menos». Y después le parece que la sesión ha pasado rápido: «Cuando te sientes libre, el tiempo pasa deprisa». Y otro día: «No hemos conseguido desatar el sueño de la última vez».

Lenguaje de adulto, lenguaje infantil

Aunque Ramón es un paciente sagaz, tiende a mantener su estatus de niño y se niega a responder a las preguntas que cuestionan mi papel de analista.

—Usted es un adulto y yo un niño, o sea que no es posible. Creo —me dice— que los adultos y los niños no tienen el mismo tipo de pensamientos.

—¿...?

—Desde que soy pequeño, mi pensamiento no es el mismo.

—¿...?
—Al principio, somos ingenuos.
—¿Por ejemplo?
—Pues creemos que *caca* es una palabrota muy fuerte.
—¿Y después?
—De hecho, evolucionamos: la ingenuidad mayor es en la guardería, después somos ingenuos en preescolar. En primaria hasta tercero de secundaria, por ejemplo, no nos expresamos como esperan los padres, utilizamos palabras infantiles.
—Entonces, lo que dices es que el pensamiento y el lenguaje van unidos.
—Descubrimos el mundo. Hace dos años, por ejemplo, no sabía ni pronunciar ni comprender la palabra *anticonstitucionalmente*.

Solo he extraído de este análisis lo que me parecía importante para diferenciarlo de un análisis de adultos (vemos que es difícil) y de una psicoterapia. De hecho, al principio Ramón hacía conmigo una psicoterapia, que progresivamente se fue transformando en psicoanálisis. ¿Cuál es la diferencia?, me dirán. En primer lugar, Ramón es capaz de interpretar por sí mismo sus palabras, gracias a la libertad de asociación de la que se va dotando progresivamente.

Yo sólo tengo una función de testigo y de ayuda relacionando dos pensamientos o destacando un lapsus. Este rol es un verdadero comienzo del proceso analítico. En segundo lugar, Ramón es capaz de entender mi papel, es decir, la transferencia, lo cual le permitirá más adelante ser independiente de mí. Esta independencia es relativa, pero es más o menos consciente.

En cambio, el niño bajo psicoterapia dejará de lado este análisis de la transferencia, a menos que quiera y que le dejen ir más lejos.

La psicoterapia de Raúl: el psicoanálisis en una institución

Muchas inquietudes de los padres cuyo hijo sigue una psicoterapia se disiparían si el terapeuta pudiera explicarles el comportamiento que deben tener con su hijo. Como he repetido varias veces, esto es imposible. Por tanto, los padres pueden seguir la orientación, en la que expondrán a otro terapeuta sus problemas educativos (véase el capítulo anterior). Este terapeuta les mostrará su implicación pero también les aconsejará. Sé que el «consejo» tiene mala reputación en nuestra profesión porque a menudo no es ni seguido ni comprendido (en el sentido profundo del término), sobre todo cuando los padres están demasiado preocupados. No obstante, el consejo tranquiliza y puede evitar los errores burdos. Además, desdramatiza las reacciones a menudo debidas a la ignorancia pero explicables por el deseo inconsciente de participar en el tratamiento del niño.

Por todas estas razones, pienso que es útil explicar cómo se desarrollan los tratamientos. Evidentemente, no deben hacerse «amalgamas» o comparaciones exageradas, sino que debe permitir a los padres imaginar cómo es tratado su hijo. Podrán ponerse tanto en el sitio del niño como en el del terapeuta y entender mejor el tratamiento.

Expondré el caso de Raúl, cuya terapia se llevó a cabo ante todo gracias a la narración de los sueños. Se trata de un tratamiento completo y acabado, lo cual es poco habitual. Ahora Raúl es una persona adulta, feliz y equilibrada.

Su psicoterapia se desarrolló durante muchos meses en un centro médico psicopedagógico. Sirve como ejemplo desde varios puntos de vista, no solo porque ya terminó realmente, y no porque se produjera una simple mejoría sintomática cuya distancia permite valorar la mejora obtenida, sino porque se trata de un caso muy difícil que, como se dice, viene de lejos. Evidentemente, las nociones teóricas a las que apela este caso son imprescindibles para comprender los casos difíciles, por lo cual pido la indulgencia del lector. Además, esta psicoterapia (un verdadero psicoanálisis) se basó esencialmente en el análisis de los sueños, lo cual es poco habitual.

Explicaré el conjunto de sesiones de su psicoterapia para ayudar a una mejor comprensión de este tipo de tratamiento.

Un niño tambaleado

Cuando veo a Raúl con 12 años está repitiendo sexto. Empezó mal en la vida. Es hijo natural y llevaba el apellido de soltera de su madre, la cual ahora lleva otro apellido, porque es viuda y tiene tres hijos. A los 8 años, Raúl cambió de apellido porque su verdadero padre lo reconoció (estaba divorciado y tenía dos hijos de 26 y 19 años).

Raúl se ha criado sucesivamente con sus abuelos maternos y su hermana mayor, que tiene un niño de la misma edad que él. Con 7 años, volvió a casa de su madre. Su hermana Blanca también es su madrina.

De repente, Raúl me dice que está allí para que lo ayude a «sacarle las palabras». Siempre tiene la cabeza en otro sitio y sus ideas le preocupan. Rápidamente me cuenta un primer sueño de cuando tenía 10 años: «Estaba en mi tumba (de hecho, en la del abuelo materno que lo crió, fallecido cuando él tenía 9 años). Salí para reunirme con mis padres».

Echa mucho de menos a este abuelo de pelo cano que le mimó mucho, mientras que su padre lo pone en un sillón y le dice: «No te muevas, no hagas el loco, no vayas a quedar empapado en sudor».

Sus padres lo tuvieron muy tarde y Raúl vivió como un trauma el hecho de volver con ellos a los 7 años. Nerviosos, obsesivos, trabajan de caseros en una finca. Aceptan con relativa facilidad la psicoterapia, que se convertirá en un auténtico psicoanálisis y cuya progresión aparece descrita a continuación.

El masoquismo moral de Raúl

Una pesadilla: en un coche, un señor le coge de la mano y lo tira fuera. Se despierta. Sin embargo, este señor le recuerda a un compañero y una agradable visita a Toledo. Esta pesadilla revela un masoquismo (complacencia en el dolor) que marca profundamente la personalidad de Raúl y que le costará mucho superar (es un síntoma sumamente difícil de curar en adultos analizados). Se manifiesta en la vida diaria: por ejemplo, se olvida la toalla y el bañador, y se queda sin ir a la piscina, a pesar de tener muchas ganas. Como compensación, sueña que juega al fútbol y que dribla a todo el mundo. Su padrino, el marido de su hermana Blanca, es futbolista aficionado.

Sueña que tiene 18 años. Está paseando con su abuelo cuando de repente se ven invadidos por hormigas y el abuelo llama a la policía. La policía no ve nada y multa al abuelo. Esa misma noche, sueña con su hermano mayor Bernardo, que llamaba a la policía para nada. Bernardo estuvo en prisión y fascina a Raúl tanto como lo asusta, más aún cuando sus padres lo echaron de casa. Sin embargo, cuando volvió del servicio militar, Bernardo se tatuó una isla y le prometió que le enseñaría cosas muy bonitas.

Raúl llegará a comprender la interpretación de los sueños. Por ejemplo, un señor se lo lleva en el metro y lo encierra en una habitación: el metro le recuerda que su abuelo le había dicho que fuera con cuidado cuando viniera aquí, pero el señor le recuerda al director de unas colonias al que le hubiera gustado tener como padre.

La felicidad prohibida

Los progresos en clase son perceptibles: Raúl se da cuenta de que «aprende mejor». Sin embargo (en sueños), la policía lo despierta y le pide perdón por molestarlo, pero dice que está obligada a pararlo por... estacionamiento prohibido. Creo que estos sueños deben relacionarse con sus sucesivos desplazamientos (la abuela, la madrina, los padres) que lo han obligado, cada vez, a relacionarse con personas nuevas y a perder el contacto con otras. Paralelamente, tiene sueños megalómanos: es millonario y no sabe qué hacer con todo su dinero. Compra un coche al día, pero siempre lo estropea. En la realidad, los jefes de sus padres son gente rica que dejan a sus hijos en el internado y que viajan mucho.

He aquí otro sueño repetitivo: «Voy en coche y los frenos no funcionan, tengo un accidente y me llevan al hospital. Me curan, cojo otro coche, tengo otro accidente, me vuelven a llevar al hospital y allí encuentro a mi abuelo, que está en el mismo hospital».

Pinchar o ser pinchado

Un ejemplo de asociación mostrará ahora el trabajo psíquico que permite una mayor concienciación. A Raúl le pusieron una vacuna y habla del pinchazo, lo cual le recuerda su último sueño, en el que era una abeja y volaba por el aire. Algún tiempo después cuenta que en catecismo hicieron un belén pero, en lugar de decir esta palabra, comete un lapsus y habla de una colmena. En la misma sesión, destaca que sacó una buena nota en poesía, mientras que antes leía muy mal y no conseguía decir las palabras.

Como vemos, las cosas evolucionan lentamente y progresivamente, pero existe una continuidad entre una sesión y otra, a pesar de su periodicidad semanal. Así, en la siguiente sesión, Raúl cuenta dos sueños que retoman el tema del pinchazo sin que haya otro motivo desencadenante aparte de la sesión anterior. En el primero, está paseando. Es una pluma estilográfica; pincha a todo el mundo y lo detienen. En el segundo, está en el servicio militar y hace todas las faenas; lo pinchan porque no está vacunado, y el comandante lo sanciona con cuatro días de prisión.

Haga lo que haga, en sus sueños a Raúl siempre lo castigan. El psicoterapeuta, como seguramente el lector, se muestra incrédulo o angustiado frente a esta manifestación inexorable e inconsciente que Freud llamó repetición debida al instinto de muerte, cuya causa puede buscarse sin fin. Este es, en todo caso, el material que recogemos en esta cura, sin poder hacer en ese momento otra cosa que intentar comprender, paso a paso, con el paciente.

Las sesiones continúan en el mismo tono. Raúl sueña que está durmiendo. Llega un ladrón, él intenta detenerlo con un trozo de madera y quiere llevarlo a la comisaría. Al día siguiente, todavía en el sueño, su madre le dice: «Has mentido y te pondrán en prisión dos años». Dos recuerdos le vienen en mente después del sueño: el primero, cuando los policías detuvieron en su casa a su hermano Bernardo; el segundo, cuando su padre le explicó que en el servicio militar, si hacías mal las faenas, podían meterte en la cárcel.

La nostalgia de la felicidad

También le vienen a la cabeza recuerdos felices que lo emocionan. Recuerda haber pescado en Gijón con su abuelo materno. Su abuela a veces lo ponía en su cama y una vez le compraron una bicicleta pequeña. Sintió mucha pena cuando murieron. Ya en aquella época «estaba indefenso»: esto es lo que decía su abuela para evitar que Cati, la sobrina de su edad, lo pellizcara y lo dejara paralizado. Añade, lo cual representa un progreso: «Me dejaba pellizcar porque me daba miedo hacerle daño».

La agresividad empieza a asomar, pero es una agresividad culpabilizada que se manifiesta por una impotencia, como demuestra uno de los sueños siguientes: «Era un cazador, no conseguía matar a un animal (un conejo). Cada vez que le apuntaba, no lo mataba. Voy a una tienda de fusiles y pregunto por qué el fusil no dispara. Me responden que son balas de fogueo. Salgo con balas de verdad. En ese momento, me doy cuenta de que no había visto la señal de "Prohibido cazar" y los policías me detienen».

El abandonismo

Los ardides del inconsciente provocan aquí un efecto cómico a pesar de lo trágico del tema. No explicaré todos sus sueños de castigo, pero aparecen prácticamente en cada sesión con pequeñas variantes que permiten hablar de progreso. Una de las explicaciones de esta repetición sería el abandonismo de Raúl: se ha sentido abandonado varias veces y para él sus sueños son un intento de dominar un destino infeliz. Su vida no es de color de rosa, aunque materialmente no le haya faltado de nada. Recuerda haber cantado *Al alba*. Su madre la cantaba, cuando era joven: la ve bailando con su padre. Ahora ya no puede: tiene asma. Le hubiera gustado tener una madre joven, como Blanca, por ejemplo, su hermana y madrina. En otra ocasión, sueña que su abuelo bebe demasiado. Está en Texas, es un vaquero, y le suplica que deje de beber (en realidad era alcohólico). Una señora le dice: «Eres demasiado pequeño para ocuparte de tu abuelo», y sus sollozos le despiertan. Raúl recuerda que cuando era pequeño su madre le había dicho que prefería morir con él bajo el tren antes que abandonarlo. Este tema del abandono, pues, está muy presente en los sueños, igual que en los recuerdos que afloran en esta fase de la terapia.

El miedo a la agresividad

Un sueño aclara mejor lo que hay detrás de este masoquismo y de este miedo a ser abandonado. «Estaba encima de un caballo. El caballo hacía un rodeo. Era salvaje. No conseguían curarlo *(sic)*. Se subían sobre él y se hacían daño. Yo trabajaba con un jefe que me decía: "Si no domas al caballo, no te daré la paga". El caballo se para: lo llevan al médico. Este declara: "Tiene una enfermedad incurable". El jefe dice: "Ahora te prohíbo adiestrar a los caballos". Pero le dan un medicamento especial y tres días después se cura. El jefe le dice: "Te felicito, chico"».

Aquí vemos que la agresividad natural (el caballo es salvaje) se vive como una enfermedad que debe curarse, pero esta enfermedad es casi incurable y es un milagro que se cure.

Otra vez el pinchazo o la cuestión del sexo

El miedo a la agresividad natural del chico corresponde también al miedo a asumir su propio sexo. Para Raúl, el problema del pinchazo aceptado pasivamente corresponde a una verdadera feminización.

Raúl comienza la sesión contando el siguiente sueño: «Estoy en la playa; una gran anguila me ha mordido. El monitor se me lleva para curarme: me pone mercromina y una venda. No voy a la piscina durante tres días». Este sueño aporta las asociaciones de ideas siguientes:

— «Ayer me pusieron la vacuna del tétanos» (como se sabe desde Freud, el sueño está provocado por un acontecimiento o un pensamiento del día anterior que despierta recuerdos infantiles o preocupaciones inconscientes).

— «Esto me recuerda unas colonias en las que a una niña le picó una medusa.»

— «Antes, había soñado que me picaba una araña.»

— La playa le hace pensar en la arena: «Esto me recuerda al Sahara. Mónica (su otra hermana) fue con su marido Ali y cuando volvió estaba embarazada».

— Entonces vuelve a las anguilas y recuerda que pescó una en un río.

El simbolismo sexual de esta sesión puede sorprendernos. No intervengo ni interpreto este «material» porque es metafórico. Cuál no es mi sorpresa cuando oigo esta última idea de Raúl:

— «Cuando le pongo horquillas, mamá le dice a papá: "En lugar de haber tenido a un niño, es como si hubiera tenido a una niña"».

Cualquiera estará de acuerdo en que esta idea confirma nuestras hipótesis. Es la demostración de la forma en la que se desarrolla una auténtica sesión de análisis con un chico de 12 años.

Ricos, sirvientes, padres, hijos

Sueño: Raúl es rico, se compra un castillo. Necesita una cocinera y un coche con chofer. La cocinera es Natalia (la de los jefes). Como un gran señor, o creyendo serlo, le dice a Natalia: «Mañana te quedarás sin postre». Después, coge un libro y lee la máxima: «El dinero no hace la felicidad». Entonces llega un funcionario que declara: «Tiene que mudarse, porque vamos a construir una carretera que atravesará el castillo. También tiene que pagar un impuesto de un millón». Raúl está arruinado y vuelve a casa de sus padres.

Moraleja del sueño: la megalomanía de Raúl es menos potente que su masoquismo. Este masoquismo traduce la relación con sus padres, como hemos podido comprobar. Así, a partir de este sueño, podemos decir que los ricos tratan a los sirvientes como niños, y los padres, a los niños como sirvientes...

Otro ejemplo de sueño masoquista: «Tuve un accidente de tráfico y quedé malherido. Mi madre estaba muy preocupada. Quería llamar a la ambulancia. Yo no quería. Quería morir. Estaba empapado de sangre, en coma. El doctor dice: "Es difícil reanimarlo, porque tiene el cuerpo muy afectado, sobre todo el corazón *(sic)*". Recordé que dos bandidos arremetieron contra mí. Llegan dos detectives, pero no se lo cuento todo».

Le pregunto si no se lo cuenta todo por miedo a los bandidos. Responde que sí y enlaza con otro sueño en el que salía de su tumba y le volvían a atropellar.

Más allá de los afectos y de los sentimientos que evocan estas narraciones de sueños, debe entenderse que la muerte tiene otro significado, otro sentido, para el inconsciente, y que esta función y este lugar de la muerte tienen el papel de representar todo tipo de cosas (agresividad, desculpabilización, carencia, etc.).

Diferentes aspectos de la transferencia

¿Qué es la transferencia? ¿El apego del niño por el terapeuta o la curiosidad por el analista que oculta de repente el cuestionamiento sobre uno mismo? La transferencia, tanto en adultos como en niños, tiene este doble aspecto.

Un día, después de las sesiones que acabo de relatar, Raúl apunta que sus sueños representan exactamente lo contrario de la realidad escolar. Después, me dice: «He reflexionado, y la primera vez que vine aquí no hablaba de sueños, y desde que usted me lo preguntó empecé a tener muchos».

Raúl comprende un elemento esencial de la transferencia: meterse en el deseo supuesto de otro, en este caso el psicoanalista. Pudo captar un indicio de este deseo en mi pregunta y desde entonces se da cuenta de lo que esto pudo provocar en él. Esta formulación me parece más razonable que decir que los sueños son regalos para el terapeuta.

En este sentido, relataré el sueño de la sesión anterior, en el que Raúl ganó 75 euros en la lotería. Normalmente se gana más dinero, añade. Da los 75 euros a su madre, que le devuelve 30 euros para la caja de ahorros. Después, la abuela añade 30 euros. Con esto son 60 euros, dice, y su padre le precisa (todavía en el sueño) que si ingresa este dinero le dará intereses. A continuación va a la caja, cruza la calle y un coche lo atropella. Los padres dicen: «¿Qué tontería has vuelto a hacer?». Además, en el momento del accidente, pierde su cartilla. Afortunadamente, un policía la encuentra y su padre le da 15 euros más.

En esta contabilidad inconsciente, notemos simplemente que al final del sueño ha recuperado la cantidad confiscada por la madre.

Como conclusión del sueño, añade: «Hice mal ganando estos 75 euros». Cree que su madre se comportó como una ladrona en el sueño. En mi opinión, sólo puede pensar esto gracias al accidente, que lo desculpabiliza. Lo digo como si fuera algo consciente, mientras que tanto su acusación como su atenuación son subconscientes.

Sin embargo, la transferencia también puede manifestarse de otro modo. Así, en el sueño siguiente, Raúl es piloto de avión. Pilota el Concorde, pero hay un pequeño problema: «Nos estrellamos en una isla desconocida. El avión está en llamas, tenemos que salir rápido. Hay 80 pasajeros. Les digo: "No pierdan la calma, todo se arreglará"». Añade: «Pasamos una semana, y 20 personas pillan una enfermedad contagiosa. Salvo a un niño que no sabe nadar y que estaba agarrado a una roca». Raúl completa: «Yo me ahogué, no sabía nadar». En este caso, podemos pensar que Raúl se identifica, es decir, se pone en el lugar del terapeuta y que como tal «salva al niño». Para Freud, la identificación es una manera (seguramente la más primitiva) de querer a alguien. Este apego, en este caso, es representado por la figura de una persona agarrada a una roca (mi apellido es Delaroche, que traducido significa «De la Roca»).

La castración «real»

¿Qué quieren decir los psicoanalistas cuando hablan de castración? Evidentemente, no se trata de una castración real sino simbólica: el órgano en cuestión no es omnipotente, o más bien no puede actuar en todos los casos. Obedece a reglas, como la prohibición del incesto. Esta privación no es tal en la medida en que el chico puede tener intercambios sexuales con otras mujeres, cuando la naturaleza así lo disponga. La castración simbólica supera de lejos las limitaciones impuestas al órgano masculino. Se extiende al placer en general y también afecta a las niñas. Además, la imagen de la castración representa la prohibición por sus posibles efectos y, por extensión, la separación (de la madre, del placer incestuoso, etc.). Esta imagen no es la de la castración por ablación de los testículos, sino la de la ablación completa del aparato genital masculino, tal y como realiza la cirugía para transexuales. La castración simbólica es el sino de todo niño: constituye una etapa normal del complejo de Edipo. Algunos niños parecen ahorrárselo: es el caso de las enfermedades graves como la psicosis, pero también de los delincuentes (lo cual encaja con su sentimiento de omnipotencia). Así, puede ser un progreso cuando aparece durante una terapia. Entonces, ¿cómo se manifiesta? Pues se desplaza a otro órgano cuya conformación se presta a ello, o se representa a través de la muerte. He aquí algunos ejemplos tal y como aparecen en el psicoanálisis de Raúl.

Sueña que está en el hospital porque ha tenido un accidente de moto: «Me caí de la moto, me abrí la barriga y se me perforó un intestino. El doctor dice: "Es grave, necesitará muchos cuidados y pinchazos (de nuevo)". En la radiografía se ve una deformación de la espalda. Vuelvo a mi casa, entro en coma y me muero. Mi madre está muy triste porque no puedo hacer el servicio militar». Con esta última frase vemos que aquí no se trata de morir, sino de no asumir su sexo y esta etapa viril que es hacer el servicio militar.

Antes decía que algunos niños o adolescentes parecen escapar a esta etapa normal del complejo de Edipo. Esto sucede sobre todo cuando la madre es demasiado cercana, seductora por ejemplo, y el padre está ausente o no se le valora. La castración simbólica, es decir, la separación real de la madre, puede que no se produzca. Sin embargo, el ser humano necesita que le prohíban un placer sin límites cuya lógica es mortífera: si sus padres (su padre) no lo hacen, se lo prohíbe él de algún modo infringiéndose fracasos o accidentes físicos. En el caso de Raúl, y en muchos otros, la castración que el padre no ha podido infringirle simbólicamente se realiza en forma de fracaso o de accidente.

«Era el mejor goleador de mi equipo. Ganaba muchas copas. Estaba en el equipo nacional y jugaba de defensa derecho. Los otros me pusieron una zancadilla y me hice daño en la tibia. Me llevaron al hospital y me escayolaron. Estaba mal, me dolía la pierna y la cabeza. Me preocupaba dejar el partido. Siguieron sin mí y perdieron. Cuando me curé, me puse una venda y una placa en la tibia. Ganamos dos a cero. Fue mi padrino el que me puso la zancadilla.»

En el sueño, Raúl muestra a la vez su megalomanía y el castigo siguiente (castración) aplicado por Blanca, su hermana y madrina, que lo llamó el día anterior para proponerle que mirara un programa de fútbol en el primer canal. Añade esta frase conclusiva: «Parece que todos mis accidentes sean aposta, pero no puedo evitarlos. Ahora, parece que solo es un aviso».

Justo después, tiene otro sueño que vuelve a incidir en el tema de la castración, cuyo objeto queda desplazado hacia el apéndice, la nariz o la tibia de nuevo. Este sueño no es muy lógico. Como todo sueño, expresa verdades yuxtapuestas y condensadas.

«Estaba jugando a balonmano un domingo. Solo había jugadores fuertes. Perdimos once a nueve y quince a nueve. Jugué como sustituto. Me dijeron que sería capitán, pero no pude jugar porque tenía apendicitis. Entonces perdieron. El portero me dijo que yo era el más fuerte, pero que hacía muchas faltas. Me tiró la pelota en toda la nariz. Me dijo: "Como te pasan muchas cosas, te voy a comprar un botiquín y rodilleras". Uno me da un gran golpe en la tibia: no me duele porque llevo rodilleras. A fin de mes, somos campeones del mundo.»

El apellido robado

A continuación aparece una de las verdades más importantes. Raúl tiene el siguiente sueño: «Era holandés y odiaba mi país. Trabajé durante veinte años en los ferrocarriles en Francia. Mi compañero holandés me dice: "Ves, en Francia trabajamos más que en Holanda". Trabajo en una librería y el jefe me dice: "Usted es un ladrón porque en su documento de identidad el apellido holandés está tachado". Me envían a París y me ponen una multa de 50 euros porque no tengo papeles. Me expulsan de todas partes. Me vuelven a enviar a Holanda».

Relaciona este sueño con el cambio de apellido que tuvo cuando tenía 8 años, cuando fue reconocido por su padre. En otro sueño, asociará este cambio de apellido con su muerte. La muerte aparece como una sanción definitiva, tal y como encontramos en la problemática depresiva, porque en este sueño Raúl es condenado «a muerte y a cadena perpetua».

De nuevo la transferencia

La transferencia aparece en varios aspectos. Primero, como una relación de ayuda: se encuentra en sueños con un señor, después con una señora «como usted» y se pone a trabajar mucho; pero también como estimulación inquietante de la repetición debida al instinto de muerte: «Cuento mis sueños a un doctor que me dice: "Voy a pincharte para que tengas sueños agradables". Se equivoca de inyección. El doctor me dice: "Me he equivocado, te pongo otra inyección". Yo le digo que no pero me convence y me pone otra. Mis padres me dicen: "El doctor te pone la inyección por tu bien". Yo digo: "Tengo derecho a soñar sin inyección"».

La transferencia también aparece como la relación con el que sabe (el famoso «sujeto que supuestamente sabe» de Jacques Lacan). Y este saber está relacionado con la historia, incluso con la prehistoria del sujeto. Por ello, en psicoterapia o en psicoanálisis, encontramos los temas de la arqueología, de la prehistoria y de la paleontología, tal y como indica el sueño:

«Era investigador. Investigaba los huesos de los animales prehistóricos. Me pagaban y, si no encontraba más de diez huesos, el jefe me echaba (el masoquismo sigue estando presente). En un caso, encuentro cinco o seis, no consigo encontrar más. Me equivoco de salida: era como si estuviera en la luna. Recojo tierra roja y veo sobre una colina a animales prehistóricos vivos. No veo a mi jefe. Lo encuentro en unos subterráneos y le digo que he encontrado tierra roja. Le enseño la tierra envuelta en un papel de aluminio: es blanca como en la Tierra.

El jefe me insulta y me dice que todo son pamplinas. Tardamos un mes en volver a encontrar lo que había descubierto. Al llegar a Madrid, me despide.

Se lo cuento todo a otro científico. Vamos allí y lo encontramos todo. Matamos a un pájaro prehistórico y nos lo traemos. Al llegar a Madrid, abrimos la caja de vidrio donde lo habíamos puesto y el pájaro queda reducido a polvo. Le digo al sabio que hemos hecho todo el camino para nada. Miramos las cenizas en el microscopio: están vivas.

El primer científico me reprocha que haya ido sin su permiso, porque es el jefe de los científicos. Pero me hago rico porque la ceniza se reproduce: fabrica insectos, plancton y finalmente petróleo. Me muero de viejo después de dar todo mi dinero a un científico, a un sabio (no a un investigador), porque no tenía familia».

No analizaré este sueño tan rico que pone en escena la transferencia de un modo a la vez masoquista (el primer jefe) y benéfico (el científico) con la deuda que implica, que demuestra la necesidad de pagar para poder apartarse del terapeuta.

La transferencia también se manifiesta con la identificación con el terapeuta. En un sueño, Raúl cura a un sordomudo que, como reconocimiento, le manda muchos clientes.

Pero se queda sin trabajo y vuelve a convertirse en cocinero.

El fin de la terapia también suele aparecer de forma persecutoria en el imaginario de los sueños: el terapeuta aparece como un rehabilitador de la palabra que se parece al padre. El rehabilitador deja de tratarlo y tira sus papeles a la papelera.

Esta psicoterapia, llevada a cabo durante cuatro años, se convirtió en un auténtico psicoanálisis porque se abordó la transferencia y parcialmente se analizó. Raúl mejoró considerablemente su funcionamiento intelectual. Lo he visto hace poco: se ha casado y tiene un hijo. Debemos medir el camino recorrido y los riesgos encontrados, así como la gran dificultad del tratamiento y del análisis de una necesidad de castigo (masoquismo moral) grabada en lo más profundo de su ser.

El psicodrama de Esteban, un niño que padecía una fobia

Cuando la madre de Esteban lleva a su hijo a la consulta del hospital, no recuerda muy bien sus anteriores visitas a este centro. Esteban, de 8 años, está en tercero y, según me cuenta ella, «se niega a hacer todo lo que le pides». Ya no sabe qué hacer, se pone violento con ella y, una vez, durante un ataque de nervios, estuvo dos horas gritando en el suelo.

De hecho, ya había venido a ver a mi predecesor, el añorado Georges Amado, cuando Esteban tenía 9 meses. En aquella época, Esteban gritaba sobre todo cuando estaba con ella, mientras que, con sus abuelos (que lo cuidaban por la mañana) o con sus tías, se comportaba bien. Estos ataques empezaron cuando tenía un mes, y cesaron entre el quinto y el séptimo mes para retomar fuerzas después de una semana de vacaciones en agosto. El Dr. Amado prescribió a la madre unas entrevistas con una psicoanalista y todo volvió a la normalidad de manera espectacular.

Tres años después, todo volvió a empezar. Esteban se oponía con violencia y tenía unos ataques que volvieron a resolverse mediante entrevistas de la madre con la misma psicoanalista.

Dos años después: mismo guión, mismo diagnóstico, mismo tratamiento, mismo resultado, pero con otro médico que ve al niño una vez y a la madre doce.

Esta vez (es decir, ocho años después del inicio de las visitas) Esteban me dice que sufre y pide ayuda: «Por la tarde, cuando hago los deberes, no me salen bien y, cuando me riñen, tengo un ataque. No me gusta la escuela, excepto la lectura y la poesía».

Dice recordar bien sus sueños, pero se queja de un cansancio permanente los días de escuela. Tiene un amigo, no tiene problemas y está animado.

La madre está preocupada por esta violencia que hace mella en ella. Esteban se parece a su abuelo materno, que los psiquiatras habían calificado de paranoico y que se ahorcó hace seis años. La madre de Esteban tenía muy mala relación con su padre y recuerda que se rió de ella el día que le vino la regla; también decía que tenía las piernas demasiado delgadas. Por otro lado, su marido, el padre de Esteban, le dice que quiere vengarse de su padre a través de Esteban. Este último le dijo un día: «Quieres suicidarme». También le lanzó a la cara la foto de su hermana. Sabe que esta hermana depresiva se suicidó a los 35 años.

El padre de Esteban no puede más. Cree que es demasiado permisivo o demasiado autoritario, pero mantiene una excelente relación «intelectual» con su hijo. De hecho, recupera en cierto modo la que tenía con su propio padre, un hombre muy amable que aceptaba la autoridad de su mujer. Pero este dulce hombre se pone histérico, por ejemplo, cuando Esteban tiene un ataque el 24 de diciembre por la noche debido a que se ha perdido su programa favorito porque... lo ha mirado mal en la revista de la tele.

La pareja formada por los padres presenta desequilibrios. La edad y la historia de los cónyuges están mal (o demasiado bien) combinadas. La llegada de Esteban, hijo único, fue difícil: el embarazo transcurrió en la cama, el tocólogo no estaba el día del parto y la madre «no tuvo ganas» de amamantar a Esteban, que fue un «angelito» hasta la salida de la maternidad.

Aparte de los ataques, el trío se lleva bien. Juegan a cartas por la noche, cuando el padre ingeniero no está de viaje. La madre ha vendido la tienda en la que trabajaba dos días a la semana.

Ante este cuadro y esta repetición, frente al sufrimiento de este niño que no entiende qué le sucede durante sus ataques y que, media hora después, llora diciendo «no sé por qué soy así», propongo un psicodrama individual semanal, porque a Esteban le cuesta dejar volar sus ideas como requiere la psicoterapia.

En la segunda visita, que confirmará esta indicación, la madre me señala una serie de hechos que había olvidado porque quedaban ocultos detrás de la espectacularidad de los ataques: Esteban es muy miedoso; por ejemplo, cuando pasa por delante de un camión parado, se separa y no le llega la camisa al cuerpo. Tampoco soporta, en el andén del metro, que su madre se acerque demasiado al borde. Además, tiene miedo de que este comportamiento se note y de que sus compañeros se rían de él.

Este aspecto de su sintomatología, a diferencia de los ataques que afectan al menos a dos personas, le pertenece solo a él. Aparecerá en el transcurso del psicodrama que literalmente lo recreará y le dará sentido.

El desarrollo del psicodrama

Desde la primera sesión (solo haremos cuatro), Esteban entra en el juego con una facilidad y una comodidad que no dejan de sorprendernos. Dice haber tenido «una sesión» *(sic)* con su madre la víspera. La explicación es confusa: se niega a hacer un trabajo y quiere mirar la tele, y añade: «Nos peleamos». Su madre quería obligarlo a hacer el ejercicio de lengua, pero no lo consigue. Cansada de luchar, se encierra en su habitación, pero Esteban la persigue y se apoya en la puerta con todas sus fuerzas. No quiere dejarla sola, no quiere estar sin ella. A decir verdad, lo quiere todo, incluido que ella lo lave, cosa que amenaza con dejar de hacer si mira la televisión a pesar de su prohibición.

Decidimos interpretar esta escena, pero la madre del juego se comporta de manera muy distinta a la madre real. O más bien interpreta (en todos los sentidos de la palabra) a esta madre en función de lo que ha oído. Así, decide jugar el papel de una madre seductora. Esteban, primero, está desconcertado, se para, me mira y dice: «No, así no». Le explico que debe adaptarse a esta nueva madre que solo conocemos a través de sus palabras y retoma el juego con más ganas que antes. La madre se lo acepta todo: la tele, los deberes con la tele y además su total disponibilidad. De nuevo un poco sorprendido, Esteban acepta un mimo. La madre añade: «Aprovechamos que papá no está».

En la siguiente charla, Esteban explica que, cuando le hace una caricia a su madre, su padre se burla de él, sin maldad. Entonces decidimos retomar la escena en la cual él interpreta el papel de su padre. Después, está contento y cree que el coterapeuta que ha hecho de Esteban «está muy bien». Sin embargo, este ha descrito a un Esteban tan seductor como la madre de antes. Como está de acuerdo, seguimos con el juego.

¿Por qué seguimos? Para ir hasta el final del fantasma. ¿Qué es un fantasma? Es un guión inconsciente, como el del niño pequeño convencido de que se casará con su madre más adelante. Este guión se reprime por completo o se mantiene al margen como un pensamiento secreto y algo vergonzoso. En el psicodrama debe interpretarse este fantasma para evitar que suscite defensas o reacciones contrarias del consciente que más adelante podrían bloquear al niño.

En las entrevistas preliminares, la madre de Esteban había precisado que a este «no le gustaban los mimos». No es lo que nos ha dicho en el juego, pero no es consciente de ello. Está contento de que verbalicemos en las escenas, así que vamos a continuar. Sigue «siendo» su padre, y el Esteban ficticio reclama unas satisfacciones casi incestuosas a su «madre». Esta se defiende: «No delante de papá». El falso Esteban continúa. Exige encerrarse con su madre en el cuarto de baño, como hace con papá el domingo. Dice que intenta ver algo, pero que no lo consigue. En ese momento, el padre (Esteban) sale de su papel y exclama: «Sí, ¡por la cerradura!». Paramos aquí la primera sesión.

Esta escena nos muestra a un Esteban atrapado en un goce polimorfo que el síntoma (ataques de cólera) es el único en limitar. En el juego, el padre (interpretado por Esteban) declara que él también hace mimos a mamá, pero «sólo un poquito». Es la única diferencia que consigue repetir porque los padres no le prohíben nada, ni esta madre niña que se pelea con él y cuyos repentinos rechazos no entiende, ni este padre amigo cuyas ausencias acompasan su universo. No hay separación de una madre que lo utiliza como antidepresivo y para la que actúa, a su pesar (síntoma), como animal de compañía.

En la segunda sesión, nueva escena (es decir, disputa): no encuentra sus libros. Se pone nervioso, pide ayuda a su madre, a su padre. «Si los encuentro —dice la madre—, te encierro en tu habitación.»

El juego del psicodrama retoma fielmente este guión: sean cuales sean las palabras de los coterapeutas (el padre del juego quiere salir con la madre, etc.), a Esteban le da igual, sigue reclamándolos imperturbablemente. Como los «padres» van a salir, decido adelantarme y declaro en su lugar: «Os aburriréis sin mí y no soportaréis estar solos los dos». Esteban asiente con la cabeza mostrando estar totalmente de acuerdo con mis palabras.

Lo confirma en la charla. Ha entendido perfectamente (sin que nadie se lo dijera) que yo hacía su papel y añade que no se creyó ni un momento que sus padres se fueran, porque «era por la noche». De todas formas, piensa que su madre se aburriría más que su padre sin él. Así pues, decide interpretar una escena en la que está solo con su madre, y el padre se ha ido.

Esteban empieza con un lapsus,[38] se equivoca de enunciado y le dice a su madre: «Mamá, ¿realmente quieres

---

38. Palabra o frase procedente del inconsciente y pronunciada aparentemente por error en lugar del discurso correcto.

salir con papá?». Rápidamente se echa atrás.

Esteban (preocupado): —¿Por qué se ha ido papá? ¿Estás segura de que va a volver?

La madre: —No, no estoy segura. A veces pienso que va a dejarme sola.

Esteban: —Sin embargo, no lo ha hecho nunca... Quizá vuelva.

La madre: —¿Tienes ganas de que vuelva?

Esteban: —Sí.

La madre: —¿No te gustaría que nos quedáramos los dos solos?

Esteban (en total contradicción con la primera sesión, defendiéndose): —¡Ah, no!

La madre (siguiendo con el mismo registro): —Yo, cuando se marcha, me digo que me apetece quedarme contigo.

Esteban (de forma ambivalente, con voz angustiada): —Igualmente tengo ganas de que vuelva. Es mi padre.

Esteban ha llegado al final de su fantasma, de manera que se encuentra en una situación de angustia. Al principio de la sesión mostró que no soportaba la frustración. Los padres de verdad no pueden generar una situación de este tipo. Entonces Esteban decide interpretar esta escena frecuente en la que se encuentra solo con una madre que se aburre y que le procura satisfacciones importantes. Puede poner fin él solo a una situación que lo angustia. Pero lo desea, su síntoma lo demuestra, y este es el deseo que se mantiene.

En esta última escena en la que está solo con su madre ya no reina el disfrute, sino la angustia, y hace un llamamiento al padre o al entendimiento de los padres que se transparenta en el lapsus inicial. Es una escena en la que aparecerá una fobia, como lo demuestra el encadenamiento de las réplicas.

En realidad, es habitual que los padres se discutan, y el discurso de la madre del juego es totalmente lógico. Este discurso no solo se basa en las escenas anteriores, sino también en el de Esteban. Así, la frase «¿Estás segura de que va a volver?» de Esteban induce la respuesta lógica de la madre coterapeuta: «No, no estoy segura».

La angustia es el nuevo síntoma de Esteban, un síntoma revelado por el tratamiento y que siente sin poder nombrarlo. Por ello, de nuevo, me adelanto a él en el juego y le digo a su «madre»:

Doble de Esteban: —Me da un poco de miedo estar solo contigo... Me da miedo que me prefieras a papá.

La madre (dejándose llevar por el impulso): —Tú eres mi hijo, eso es más importante que un marido.

En ese momento, Esteban dice con todas sus fuerzas: «¡Ah, no!».

La madre: —Solo tengo un hijo, mientras que podría tener varios maridos. Además, me siento mejor contigo. ¿Te molesta?

Esteban (angustiado): —Pues sí... Yo quiero mucho a mi padre.

Esteban: —Te quiero mucho y quiero quedarme solo contigo, pero cuando sucede tengo miedo.

La madre: —¿De qué tienes miedo?

Esteban: —¡De que venga alguien!

Esta respuesta, surgida como un grito de verdad gracias al juego, es fundamental para los especialistas. ¿Por qué? Porque la angustia de Esteban, cuando está solo con su madre, se transforma en miedo a lo extraño. En la práctica, el miedo o la fobia (*miedo* en griego) es menos invalidante que la angustia difusa, porque se concentra en un objeto externo que podemos evitar. Esta fobia creada por el juego también desaparecerá gracias a él.

En la tercera sesión, Esteban se queja de sus problemas con

los otros niños de su edad. En el club de ponis, una niña no ha querido ayudarlo a deshacer un nudo. Estalla una discusión y él «se deja avasallar». Lo mismo pasa en el patio de la escuela: hay peleas con los niños porque no quiere que lo manipulen, por ejemplo, para molestar a una niña. Este rechazo alegado muestra el sufrimiento que le causa su pasividad, que vive como algo feminizante (tiene varios lapsus en este sentido).

Interpretamos estas dos escenas mucho rato. Pero su interés se sitúa en otro punto. Está claro que la posición de Esteban entre sus padres es a la vez privilegiada y delicada.

Su posición de niño mimado le vuelve impotente a la hora de enfrentarse a los niños de su edad, que no son justamente tiernos entre sí. También podemos añadir que el entorno social (aquí escolar) suple de forma salvaje las carencias simbólicas familiares.

Esta es la articulación que Esteban descubre con nosotros, cuando, entre estas dos escenas, recuerda un episodio tragicómico de Nochebuena. Aquella noche, se había perdido una serie porque se equivocó al buscarla en la revista de la tele. En lugar de sentirse desmoralizado, monta en cólera e insulta a sus padres. Interpretamos esta escena.

Los padres coterapeutas, delante de este niño que no soporta la frustración, sienten la misma impotencia que los padres reales. Dicen lo que piensan: «Pide cosas imposibles», etc. Me adelanto a Esteban y doy la orden a mis padres de llamar a la televisión. El padre obedece. Esteban está contento. Estamos realizando lo imposible: ponerle, para él solo, ese programa. Naturalmente, Esteban no se lo cree, pero de nuevo hemos simulado exactamente su fantasma. Está en la gloria.

La realización de su fantasma de omnipotencia en el juego me permite recordarle sus dificultades en la escuela con los compañeros de su edad. Le demuestro mediante el psicodrama que cuando hacemos lo que queremos en casa creemos que todo es posible en todas partes. Bien al contrario, es en la medida en que el padre dicta la ley en casa que el niño puede sentirse en igualdad con los demás en el patio. Y si Esteban se siente tan culpable después de los ataques es porque percibe la necesidad de una autoridad.

En la cuarta y última sesión, Esteban ocupa mi sitio por error. Aprovecho para proponerle interpretar una escena los dos delante de los demás. Simplemente, él hará mi papel y yo el suyo.

Esteban (P.Delaroche): —Entonces, ¿usted no juega nunca, doctor?

Doctor (Esteban): —Tú eres el que debe jugar.

Esteban: —¿Por qué?

Doctor: —Porque eres tú el que tiene problemas.

Esteban: —¡Ah! Yo creía que eran mis padres.

Doctor: —No, ellos no tienen problemas, sino tú.

Esteban: —Entonces, ¿estoy enfermo?

Doctor: —Sí.

Esteban: —¿Qué? ¿Dice que estoy enfermo?

Doctor: —No, pero tienes algunos problemas.

Esteban: —Yo estoy muy bien, soy muy feliz. Quiero mucho a mi madre, quiero mucho a mi padre. A veces me enfado mucho porque no hacen todo lo que quiero, pero...

Doctor: —Tú eres el que debes mandar *(sic)*.

Esteban: —¿Yo?

Doctor: —No, tus padres.

Esteban: —Pero usted ha dicho que tenía que mandar yo...

Doctor: —No, tus padres.

Esteban: —Así, si lo entiendo bien, si obedezco no tendré problemas.

Doctor: —Sí.

Esteban: —¡Ah! Pues haberlo dicho antes. ¿Por qué no me lo dijo antes?
Doctor: —Pensaba que ya lo sabías.
Esteban: —No, no lo sabía porque no me lo han enseñado.
Doctor: —Hay que obedecer.
Esteban: —Usted, ¿por qué manda?
Doctor: —Porque el doctor soy yo.
Esteban: —Entonces, ¿usted lo sabe todo?
Doctor: —Si obedeces no tendrás más problemas.
Esteban: —¿Hay que ser doctor para decir esto?
Doctor: —No.
Esteban: —¿Y por qué mis padres no me lo han dicho?
Doctor: —Se les tiene que preguntar.
Esteban: —Si usted fuera mi padre, ¿me lo hubiera dicho?
Doctor: —Sí.
Esteban: —A ellos quizá tampoco se lo dijeron.
Doctor: —No lo sé.
Esteban: —¿Puede ser que sus padres no se lo hayan dicho? ¿Usted tiene padres?
Doctor: —Claro.
Esteban: —¿Los cuida?
Doctor: —Claro.
Esteban: —Entonces, ¿cómo lo hace para cuidarlos y obedecerles al mismo tiempo?
Doctor: —Me dicen que los cuide y yo los cuido.
Esteban: —¿Usted qué espera de mí?
Doctor: —Que obedezcas a tus padres.
Esteban: —El problema es que son ellos los que me obedecen.
Doctor: —Entonces, ¿por qué tienes problemas?
Esteban: —Porque me obedecen tanto que entonces yo no puedo obedecerles.
Doctor: —Bien, pues si te obedecen, se les debe pedir que no te obedezcan más.

Con este diálogo termina el tratamiento propiamente dicho de Esteban. Más adelante deberá seguir un tratamiento individual, pero por ahora la madre está estupefacta al comprobar que los ataques han desaparecido completamente, incluso llega a preguntarse si le hemos cambiado a su hijo.

Conclusión

Entre el extremo psicoanalítico y el biológico de la psiquiatría infantil actual, los padres pueden sentirse desorientados, y con razón. Se trata de un debate que afecta al futuro de niños y adolescentes, muchos de los cuales, un día u otro, pueden sufrir dificultades que querríamos que fueran pasajeras pero que en ocasiones les llevan a vivir un auténtico viacrucis. A menudo sucede que al final de estos trayectos los padres se quejan de no haber estado lo suficientemente informados y de haber perdido tiempo.

Hemos visto que esta información no es fácil, porque el debate en cuestión está muy impregnado de diversas ideologías y porque cada uno aplica su propia concepción del mundo. Para algunos, de hecho, la experiencia lo es todo y la formación lo hace todo. Para otros, al contrario, solo somos la expresión de un genoma. Naturalmente, los primeros reivindican el sentido, aunque sea tintado de religiosidad; los segundos, la ciencia, aunque esté infiltrada de cientificismo. ¿La verdad se encuentra a medio camino? ¿Un puñado de medicamentos con la terapia, o buenas palabras para la prescripción de medicamentos? No lo creo. Pienso que la vida está formada por múltiples opciones y que las que imponemos a nuestros hijos pueden pesar mucho en su futuro.

Es necesario insistir, como la inmensa mayoría de los psiquiatras infantiles, en que los medicamentos son una terapéutica de excepción con indicaciones muy precisas y, en general, puntuales, porque los trastornos infantiles tienen la particularidad de ser plásticos, variables y sensibles: plásticos porque pueden transformarse fácilmente; variables porque pueden cesar sin avisar, en los adolescentes por ejemplo, y sensibles porque absorben como esponjas los sufrimientos y los secretos de la familia. Estigmatizar al niño como a un enfermo tratándolo como tal sería una perversión de la asistencia pediátrica. Estas críticas también se hacen extensivas a una psicologización masiva que invade todos los espacios mediáticos. Convertir al niño en víctima de la mala educación, de las deficiencias escolares o de traumas de cualquier tipo puede suponer ponerlo al alcance de la atenta asistencia de psicoterapeutas de toda calaña. En cambio, siempre, se trata de ayudar al niño a encontrar su estatus de sujeto, estatus que intenta afirmar a través de sus propios síntomas. Por ello esta ayuda pasa primero por escuchar a los padres: ¿están de acuerdo en la educación de sus hijos? He aquí una primera pregunta imprescindible que pocas veces se les plantea. Sólo después de este primer acuerdo puede escucharse al niño por su cuenta. Entonces, cualquier sufrimiento merece ser considerado y aliviado. La ayuda ofrecida al niño, psicoterapéutica, rehabilitadora y, por qué no, en casos excepcionales, con medicamentos, tendrá entonces un valor inestimable porque habrá sabido responder a una verdadera demanda. Algunos padres son conscientes de ello; otros muestran reacciones de rivalidad imaginaria con el terapeuta. Por ello, escuchar a los padres es esencial. La orientación puede incluso sustituir el tratamiento de un niño reticente.

En todos los casos, la visita, la primera cita con un psiquiatra infantil o psicólogo, es fundamental. Este profesional es el que tiene la responsabilidad de indicar si el sufrimiento del niño es de su competencia o si debe tratar en primer lugar y ante todo a sus padres. Sólo en el primer caso está autorizado a indicar un tratamiento, mientras que en el segundo debe actuar como abogado, intérprete, intermediario entre el niño y sus padres. Esta distinción es importante, porque evita psicologizar a ultranza casos que son ante todo de sentido común. La mejoría, en ocasiones inmediata, que procura la visita demuestra que la familia, sin saberlo, vivía en una burbuja y que el especialista ha podido actuar como tercera parte. Pero cuando ya se ha decidido el tratamiento del niño, como hemos visto en los numerosos ejemplos de curas (en ocasiones totalmente terminadas) relatadas en el presente libro, aquel, con psicodrama individual, psicoterapia o psicoanálisis, es perfectamente capaz de utilizar a su interlocutor para liberarse de sus preocupaciones, analizar su síntoma y recuperar su libertad de pensamiento. Paralelamente, los ejemplos de orientación de los padres han mostrado cómo pueden acompañar a su hijo en su trayecto sin interrumpirlo de forma perjudicial.

Creo que de estos ejemplos se desprende una verdad que siempre tendemos a olvidar: el niño también tiene un inconsciente que, en ocasiones, lo protege pero que, a veces, no le procura mucho bien. Él también es capaz de ser consciente de ello con nuestra ayuda, y de estar mejor, simplemente. Espero que esta verdad arroje un poco de luz en el debate social evocado al inicio de la presente conclusión.

Anexos

Consultas en los centros médicos psicopedagógicos

Perfil de los niños que siguen una terapia y un psicodrama individual

¿Los niños que siguen una psicoterapia (utilizo esta palabra en sentido genérico: psicoterapia, psicoanálisis, psicodrama) presentan un perfil particular? Es difícil responder a esta pregunta pero, por una parte, pueden estudiarse las relaciones entre los trastornos de la primera infancia y los posteriores y, por otra, comparar las indicaciones de psicoterapia analítica con las de psicodrama individual.

• Motivos de psicoterapias en Francia (estadísticas relativas a 200 casos de consultas, de los cuales 117 correspondían a indicaciones de psicoterapia y de psicodrama):

1. Dificultades de concentración	20 %
2. Fracaso escolar	17 %
3. Ansiedad, miedos, timidez	12 %
4. Depresión	11 %
5. Dislexia, disortografía	8 %
6. Trastornos psicosomáticos	7 %
7. Inhibición (bloqueo), pasividad	5 %
8. Trastornos del sueño	5 %
9. Malos tratos	4 %
10. Enuresis	4 %
11. Varios	7 %

Esta lista estadística es interesante: aunque muestra que el síntoma escolar es de lejos el primer motivo (20 % + 17 % = 37 %), no es el más importante. Así, si sumamos los motivos «escolares» y «médicos», el total de estos últimos es ligeramente superior.

Motivos escolares	Motivos médicos
Dificultades de concentración + fracaso escolar + dislexia } 45 %	Ansiedad Depresión Trastornos psicosomáticos Inhibición, etc. } 48 %

El resto de los casos (hasta llegar al 100 %) es inclasificable.

Esta diferencia se acentúa más si comparamos los motivos de los psicodramas individuales en los centros médicos psicopedagógicos:

1. Ansiedad, miedos, ritos, etc.
   20,5 %
2. Trastornos del comportamiento
   20 %
3. Inhibición (bloqueo), pasividad
   17 %
4. Fracaso escolar
   17 %
5. Psicosis (trastornos graves de la personalidad)
   12 %
6. Trastornos psicosomáticos
   6 %
7. Psicopatía (trastornos graves de las conductas sociales)
   6 %
8. Varios
   1,5 %

Aquí, los motivos médicos van claramente en cabeza, muy por delante de los escolares.

Motivos escolares	Motivos médicos
17 %	79 %

Esta diferencia con la psicoterapia se explica del siguiente modo:
— Los casos tratados con psicodrama son más «graves» y el motivo escolar que siempre existe (sobre todo en estos casos) pasa a segundo plano, detrás de otros síntomas: ansiedad, pasividad, psicosis.
— Ello es cierto también en los trastornos del comportamiento, más impresionantes que las malas notas (trastornos del comportamiento, psicopatía).

Relaciones entre los trastornos de la primera infancia, la actividad onírica y el diagnstico

Son trastornos alimentarios (cólicos, regurgitaciones, mericismo, anorexia), trastornos de instauración del sueño (noches completas retardadas, pesadillas precoces) o de cuestiones médicas perinatales (prematuridad, permanencia en la incubadora, malformación congénita que requiere una operación precoz, etc.).

Es interesante comparar la existencia de tales trastornos (que sin embargo no se podían detallar) con las dificultades posteriores. Efectivamente, esta comparación es elocuente.

— La actividad onírica también puede compararse con las dificultades escolares (u otras). ¿De qué se trata? No es realmente la actividad onírica en sí, que, como los estudios de Jouvet en Lyon demostraron, es permanente en la fase del sueño llamada paradójica, sino sobre todo el recuerdo que el niño tiene de sus sueños. De hecho, este recuerdo muestra el grado de permeabilidad entre el consciente y el inconsciente. Este grado de permeabilidad, es decir, la facultad de «dejar pasar» los restos oníricos, condiciona la patología, como han demostrado los especialistas psicosomáticos. Algunos niños que están en el actuar, por ejemplo, no recuerdan sus sueños. La estructura psicosomática[39] suele ir acompañada de un pensamiento llamado operatorio (Piaget) en el cual el aspecto factual gana en detrimento de los fantasmas. Muchos niños pueden beneficiarse del psicodrama precisamente porque carecen de esta flexibilidad de pensamiento que permite el libre paso de una idea a otra.

He aquí los resultados según ambos tipos de indicación:
• *Niños bajo psicoterapia*

---
39. León Kreisler, *op. cit.*

¿Psicólogo o no psicólogo?

Los resultados más significativos (y más sorprendentes) corresponden a niños con retraso escolar, el cual traduce (sobre todo en primaria, donde es poco habitual repetir) dificultades continuas de razonamiento y de adaptación, a diferencia de las dificultades de concentración a menudo lábiles y de la disminución ocasional de rendimiento.

Motivos	Niños con trastornos en la primera infancia	Niños que recuerdan (actualmente) sus sueños
Dificultades de concentración (20 %)	57 %	28,2 %
Fracaso escolar (17 %)	78,5 %	50 %
Ansiedad, miedos (12 %)	50 %	60 %
Depresión (11 %)	33 %	66 %
Dislexia (8 %)	14 %	57 %
Trastornos psicosomáticos (7 %)	33 %	50 %
Bloqueo (inhibición)	0 %	0 %
Pasividad (5 %)	¿?	¿?

Estos resultados, si bien no justifican ampliamente la idea de la psicogénesis de los trastornos, al menos sí la analogía realizada por los psicoanalistas entre la pulsión y el simbolismo relacionado con el aprendizaje que encontramos en el lenguaje común (el empacho escolar, la falta de ganas de ir a la escuela, la bulimia intelectual, etc.).

En cambio, es normal que los niños que manifiestan trastornos «neuróticos» (como miedo, ansiedad, fobias, depresión, etc.), es decir, una proximidad con el inconsciente en ocasiones excesiva, recuerden más sus sueños que los demás.

Otras cifras son menos elocuentes. Los trastornos psicosomáticos aquí evocados no son característicos de la estructura psicosomática porque engloban signos de alerta corporales (dolores de barriga, por ejemplo, antes de ir a la escuela) que indican más bien ansiedad. Es lo que explica el 50 % de los niños que recuerdan sus sueños.

• *Niños bajo psicodrama individual*

Motivos	Niños con trastornos en la primera infancia	Niños que recuerdan (actualmente) sus sueños
Ansiedad, miedos, sueños (20,5 %)	33 %	83 %
Problemas de comportamiento (20 %)	75 %	87,5 %
Bloqueo (inhibición), pasividad (17 %)	66 %	0 %
Fracaso escolar (17 %)	60 %	50 %
Psicosis (12 %)	50 %	50 %
Trastornos psicosomáticos (7 %)	0 %	50 %

— Encontramos las mismas tendencias que en el caso de los niños bajo psicoterapia (fracaso escolar y trastornos de la primera infancia).

— En cambio, no se comprueba la relación entre trastornos de comportamiento y amnesia de los sueños.

— Del mismo modo, contrariamente a lo esperado, el porcentaje de niños que recuerdan sus sueños es idéntico en ambas poblaciones.

Así pues, es interesante agrupar a los niños que están bajo psicoterapia y psicodrama por los mismos motivos.

Motivos	Niños con trastornos en la primera infancia	Niños que recuerdan (actualmente) sus sueños
Fracaso escolar	70 %	50 %
Ansiedad, miedos, sueños	41 %	71 %
Bloqueo (inhibición), pasividad (17 %)	33 %	0 %
Trastornos psicosomáticos	16,5 %	50 %

Se confirman tres datos:

— el enorme porcentaje (70 %) de niños con fracaso escolar que tuvieron trastornos en la primera infancia;

— el gran porcentaje de niños con síntomas de tipo neurótico (miedos, ansiedad, manías, fobias, etc.) y capacidades normales de ideación;

— el bloqueo total que afecta a la ideación y al recuerdo de los sueños de los niños inhibidos y pasivos.

Más allá de las cifras, y para explicar por qué algunos niños no pueden «salir adelante» sin una psicoterapia en ocasiones larga, diremos lo siguiente:

1. el fracaso escolar suele traducir antiguas dificultades;

2. los niños pasivos y bloqueados tienen dificultades en seguir un tratamiento basado solamente en la palabra (de ahí el interés del psicodrama);

3. la ansiedad, el miedo y las manías, en cambio, se prestan más a la psicoterapia y al psicoanálisis.

www.ingramcontent.com/pod-product-compliance
Lightning Source LLC
Chambersburg PA
CBHW050107170426
43198CB00014B/2496